あしひきの山谷越える子どもらの道

親と子が育む　互いの自律

花崎　佑子
西木　大十

第一話　オオカミ山

第二話　タニマツ洞

第三話　オオイワノ谷

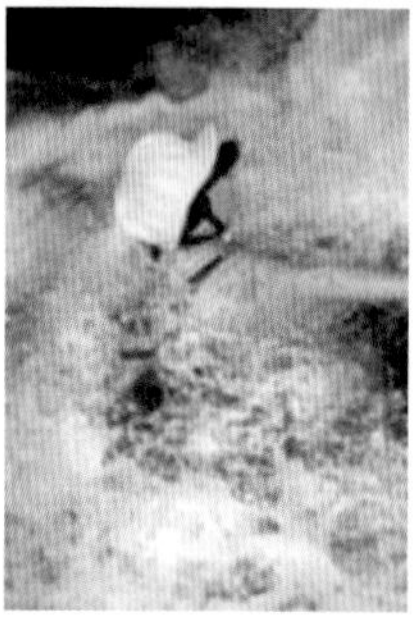

第四話　アオノミズ

第五話　ヨドミヶ岳

第六話　カンザン寺

第七話　ミツマドヶ岳

第八話　テンツキ山

第九話　シラハラ山

第十話　オオミズ川

第十一話　ヒサゴ岳

第十二話　ソラガイ山

第十四話　サカダシの滝

第十五話　コクブ岳

第十六話　カネミネ峠

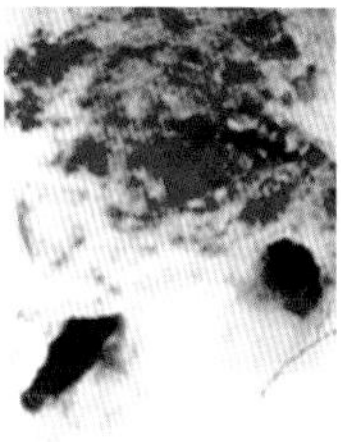

第十七話　シラハラ山 再び

第十八話　ヂダカラ岳

第十九話　ヤチグサ川

第二十話　アオノミズ 再び

エピローグ　二〇〇三年　アオノミズの行方

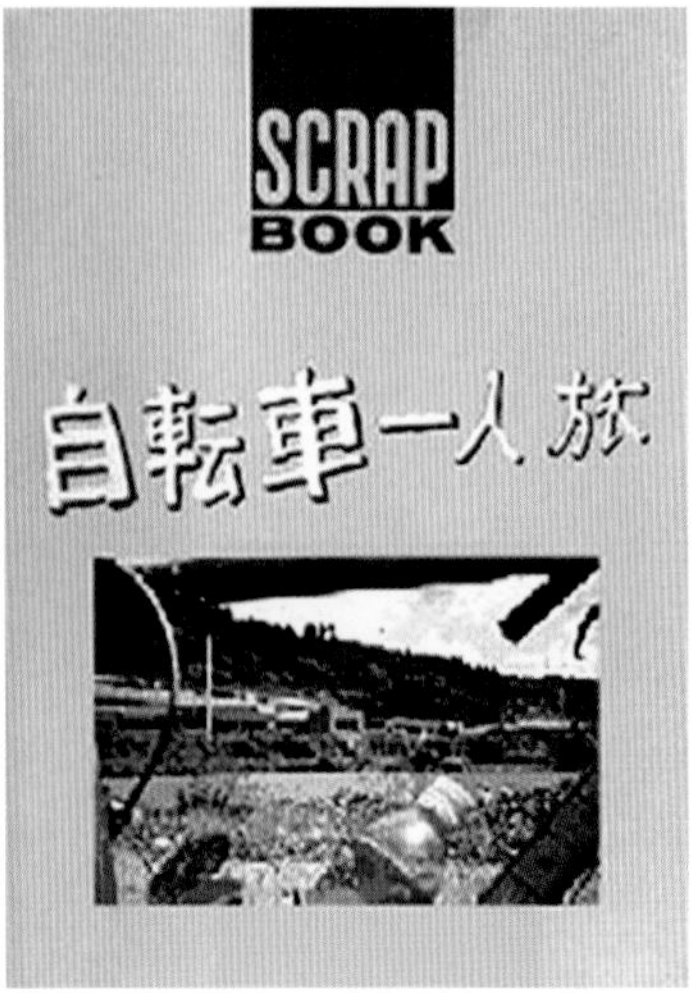

長男ハジメがまとめた
『自転車一人旅〜岬半島めぐり』

地域の自治会で作文を
発表する長女アケミ

少林寺拳法の大会で活躍する次男サトシ

読者の皆さまへ

「十年先を思うものは木を植える。百年先を思うものは人を植える」

この本は二十年以上も前の実話で、テーマは「子どもを育てることについて」です。民族や国にとって、家族にとって、自分達がどのような人間なのかは大問題でしょう。教育が人となり（為人）をつくります。教育はいつの時代にあってても変わることのない課題です。それも幼小児期の教育は、人格形成に甚大な、抜きにしては考えられない力です。

著者の一人は、健やかに育っていないわが子三人を健やかな子どもに変えよう、と思いました。そのために、もう一人の著者に力添えを求めました。

子どもが自律する人となれるように、生の体験をさせようと子ども達を数年にわたって山の中へ連れ出しました。幸いにも、どの子も驚くほどに変わっていきました。

現在の都会では此処にあるような自然環境は身近ではありません。しかし、どのような環境にあっても、人となりを形づくる原理と行為は同じはずです。意味と意義に変わりはありません。

皆さまも、ご自分を当事者と仮想して、その時の著者とともに子ども達を健やかに育てようと考えながらお読み願えれば、あえて当時の著者間のメールや会話の記録を本にした意味もあったと感謝いたします。

二〇二四年四月

西木 大十

あしひきの 山谷越える 子どもらの道 ―親と子が育む 互いの自律― 目次

プローグ

◆一九九八年　出発◆

「子育て」の始まり――西木大十

私の亡友の娘、花崎佑子の父親は私の親しい山の友人であった。そのため、彼女は子どもの頃からよく私の家へやってきては、酒飲み談義の隣に座っていた。小学生の頃に父親を亡くし、中学からは母子家庭の子として育った。特に目立つこともない少女だった。

　年賀状のやり取りも途絶えてから二十三年が経った夏、遠縁の結婚披露宴で偶然、彼女に再会した。その折、三人目の子が生まれてから一年も経たないうちに夫が長期の海外単身赴任先で急死して、義母の手を借りて働きながら子育てしてきたことを知った。不登校など、子ども達がそれぞれに問題を抱えていることも聞いた。話はとりとめもなかったが、困惑している様子が窺《うかが》えて、私は心配もしたが、その場の話で終わった。

秋に彼女から電話がかかってきた。私が登山をしていたことを覚えており、今度、自分達が近隣の山に出かけるからと言って助言を求めてきた。帰ってきてから聞いた日頃の様子からは、彼女の子ども達がひ弱で幼く、どこか歪んでいるように感じた。

子どもの成長、つまりは人間の成長という大問題について彼女と話し合ううちに、「よかったら山へ連れていってもよい」と遠巻きに言ってはみたが、案の定、彼女はためらった。

これまで彼女と子ども達がどう過ごしてきたのかを、私は知らなかった。困惑と心配は相当なものだったが、何をどうすればいいのかさっぱりわからなかったらしい。そして、晩冬のある日、彼女のほうから「山へ連れていってほしい」と頼んできたのである。

私の知らなかった過去を抱えて、花崎佑子とその子ら三人は、オオカミ山の麓《ふもと》にやってきた。その後、佑子と私は一つの登山が終わるたびに話し合い、次の登山のねらいを決めた。

この本は、花崎佑子の子育て記録である。言うなれば、彼女がプレーしている試合の実録で、一つの登山を経るごとに、プレーヤーである佑子とコーチの私がそれぞれの目を通して変わりゆく子ども達の姿を描いた物語でもある。

子どもは子どもとして、全きものでなければならない。それが「当たり前」ということである。

わが家の話――花崎佑子

早くに父を亡くし、母の手で育てられた私は、高校を出てからある実務を習得して就職しました。そして、適齢期という脅し文句に押されるように結婚して、当たり前のように子どもをもうけました。その後、母の過去を踏襲するかのように母子家庭となり、家事、育児、仕事に追われる毎日でした。

子ども達が小学校に入って少し落ち着き始めた頃、わが家の子ども達がどこか変だと思い始めました。平気で忘れ物をする長男、学校へ行けない長女、引っ込み思案の次男。どの子も何かが欠けていると思いながらも、それが何かもわからず、日々が過ぎていきました。

長男・ハジメ（小学六年生）

四カ月の産休が終わった頃、夫が単身赴任をしました。私はハジメを保育所へ連れていった後、一日中気ぜわしく、家事を終えて床に入るのはいつも十二時を回っていました。

ハジメが一歳五カ月の時、長女のアケミが生まれたため、ハジメを実家の母の家に一週間預けましたが、この時からハジメの夜泣きが始まりました。泣きながら部屋中を歩き回ります。夜泣きは三歳になってやっと止みましたが、ハジメの泣き虫は相当でした。転んだ、血が出た、アケミが玩具を取ったと言っては、必ず大人に向かって大声で泣きます。特に虫を怖がり、怯《おび》えました。ゴキブリが傍を通ろうものなら、火のついたように泣き叫び、動くこともできずに立ち尽くしていました。虫に対する異常なほどの反応は、小学校に入っても担任が驚くほどに続きました。

三番目のサトシの産休を終えて、私は転課になりました。そこには既婚の社員が少なく、子どもを迎えに行く時間も気にはしてくれません。子ども達が待っているとは言い出せないまま、毎日のように帰宅が遅くなりました。空腹のハジメはキュウリの丸かじりを覚えました。

ハジメの土いじりの道作りは、幼稚園から始まりました。小学校に入っても夢中で、帰宅の遅さを心配して迎えに行くと、誰一人いない校庭の隅で小さな石を並べ、草や小枝で標識を作っています。「ハジメ」と声をかけると嬉しそうな顔をして、「ここが始まりでね……」と延々と話が続きます。市民運動会でも、自分の出番を忘れて川や道作りに夢中でした。面白がって仲間に入ろうとする子もいましたが、最後はいつものようにハジメが一人で道作りをしていました。遊びに行った友人の家では、皆が玄関口で帰りの挨拶をしているのも気づかずに、他の部屋のキーボードで遊んでいました。

小学校入学を機に、義母と同居することになりました。義母は異様なほどにハジメをかわいがりました。机の角に頭をぶつければ、「机が悪い。メッ！」と言います。転んで泣けば、すぐに駆け寄って「よしよし」と抱き上げます。アケミに玩具を取られれば、「アケミは悪い子」と言って取り返してくれます。私は子どもを見てもらっている手前、何も言うことができませんでした。

ハジメは学校から帰ると、義母に付き添われて宿題をし、言われるがままに明日の準備をしました。「おやつよ」「ご飯よ」「お風呂よ」「寝る時間よ」と言われては、毎日を過ごしているようでした。「部屋が散らかっている」と注意すれば、翌日には整頓してあり、ハジメから「内緒にしろと言われたけど、おばあちゃんがしたの。僕は頼んでいないよ」と、義母の隠れた世話は続きました。

個人懇談で二年生の担任から「忘れ物も落とし物も平気。授業も聞いていない」「話すことが他の子とかけ離れている。いじめの対象になるのでは」と言われたことを思い出します。今まで私はあれもこれもと焦る気持ちから、いつも言葉を挟んで、ハジメの話を中断していました。

ハジメには幼稚園の頃から興味を示した宇宙や地球、人体の絵本を買い与えていました。担任から「何度注意しても忘れ物をする」「授業を聞けない」「生活習慣ができていない」と重ねて聞いていたため、私は仕事から帰ると「忘れ物はない？　宿題は？」と聞くようになりました。「う〜む」と言うだけでした。

そうこうするうちにアケミの不登校が始まり、私はハジメに構っていられなくなりました。実際、どうしているのかわからないままに日々は過ぎていきました。

ハジメは、いちいち声をかけられないと何もできず、それを恥ずかしいとも困ったとも感じないままに小学六年生になりました。

長女・アケミ（小学五年生）

私が仕事や育児に疲れて家事も疎かになった頃に、アケミは生まれました。本当に手のかからない子でした。ぐずつかないことを幸いに、抱いてあやすのはお乳の後のわずかな時間に限られました。

そんなアケミも、四カ月足らずで保育所に預けられました。寝返りを打つ頃になると、アケミは帰宅と同時に乗せられたベビーチェアから、忙《せわ》しない私を見ています。傍を通るたびに声をかけ、ぐずつけばおんぶしました。

生後十一カ月のある日、アケミが保育所で食べた物を突然噴水のように吐きました。ひどい下痢も続き、めったに会社へ電話をしてこない保母さんから、すぐに病院を受診するようにと連絡が入り、とにかく焦りました。急いで用意をしていると、保母さんから「もう怖くて見ていられない。私が連れていく」という電話が入りました。

診察室で見たアケミは目が落ち込み、見えているのかいないのかわからず、声をかけても動きません。「取り返しのつかないことをしたのか」と、アケミを抱く手が震え、どうして私は仕事をしているのかと涙があふれ出ました。

アケミがはっきりと口にした最初の言葉は「イタタ、いたい」でした。そういえば、この子には絵本もゆっくり読んでいないと気づき、物心がつく頃、松谷みよ子の『いないいないばあ』を繰り返し読んでやりました。でも、喜ぶことがわかっていても、なかなか私にゆとりがありません。ハジメのうるさいくらいのお喋りとは反対に、アケミはちっとも言葉を話しません。気に入らないことがあると、ハジメに噛みつきました。

三番目の子サトシの産休を機に、アケミと一緒に散歩したり、絵本を読んだり、絵を描いたりして遊びました。アケミは紙だけではなく、ソファ、襖《ふすま》、鏡、箪笥《たんす》、テレビなど家中に絵をなぐり描き、私の口紅もクレヨン代わりにされました。

サトシが生まれ、ゆっくり話す時間がないまま、アケミと二人きりの時間はわずか二週間で終わりました。相変わらず、アケミから言葉は出てきません。ところが、仕事に復帰した初日、幼稚園へハジメを迎えに行く車中でアケミが「今日ね、ユウ君と折り紙したの。先生がね、上手だねって……」と堰《せき》を切ったように話し始めました。私は驚いて車を止め、アケミの話に聞き入りました。

幼稚園の運動会の日がやってきました。年少のアケミは皆と並んで広い運動場を行進していきます。手に花の飾りを持ち、頭にも花の飾りが少し歪んで載っています。カメラを構えて見ていると、アケミの様子が少し変です。前を見るわけでもなくうつむいて、左右の足取りが定まりません。音楽が流れても指を吸うだけで動きません。

周囲から「あの子、アケミちゃんじゃない？」という声が聞こえる中、先生に連れられて戻ってきたアケミに声をかけると、「おしっこがしたいと先生に言ったけど、知らん顔してたの」。私も忙しさの中で、アケミの言葉を聞いていないことがあるかもしれない。

幼稚園のお迎えのたびに、私を見るなりアケミは暗い園内を逃げ回りました。追いかけながら「これ以上、どうすればいいのかわからない」「もういい加減にして帰りたい」という気持ちでいっぱいになるのでした。

そんなアケミも小学校の入学を迎えました。喜びよりも心配が先に立つ入学式でしたが、一年生になったアケミは一人で学校の準備も宿題も済ませ、忘れ物もありません。

ところが、二年生になったある朝、「宿題を忘れた。学校に行けない」と、机の前で立ちすくんでいました。「大丈夫。忘れましたと言うだけよ」と言っても動こうとしません。出勤時間が迫っていた私は焦り、アケミを追い立てるように学校へ向かわせました。

一学期の終わり頃から、アケミは「持ち物がわからない」と言うようになりました。夏休みに入っても、遊びにも学校のプールにも行きません。夏休み最後の日、アケミは何度も持ち物を調べ、カバンの中をのぞき、始業式の朝もやはりカバンを二度、三度と見てから不安そうな顔をして学校に出かけていきました。

二学期に入ると、アケミは「お腹が痛い」「黒板の字が見えない」と言い、学校へ行こうとしなくなりました。不登校の始まりかと不吉な考えが頭をよぎりました。担任に連絡すると、「僕だって行きたくない日もありますよ」と言われ、話を続けることができません。私は「学校は何もしてくれない。自分でどうにかしなくては」と焦るだけで、何をどうすればいいのかわからないまま、気持ちが沈んでいきました。

アケミは「学校は好き」と言いながらも家から出ることができません。一人で行けないなら、私も一緒に登校しようと決めてはみたものの、アケミは怯えるようにして動きません。連日、手を握って「行く」「行かない」を繰り返しました。授業が始まっている学校は、ここに何百人という子どもがいるのかと思うくらいに静まり返り、その中で私達はいったいどうしたらいいのだろうと立ちすくんでしまいました。

授業参観の日、アケミは幼稚園の時よりも幼く、皆の前で廊下に寝転び、指を吸いながら駄々をこねました。そんなアケミを見た私は、夜、寝る時だけはどんなに抵抗しても一緒に寝ると決めました。何も言わないアケミの隣で、私は本を読み、歌を歌い、何でもない出来事を話しました。

段々とアケミも口を開くようになりましたが、毎日のように「アケミちゃんは悪い子だから地獄へ落ちるの」「お母さんは私のことが嫌いでしょ」と言いました。そのたびに私は「どうしてそんなことを言うの。アケミは悪い子ではないよ」と大きな声でうち消したり、黙って泣いてしまったりすることもありました。

ある日、いつものように学校の玄関で立ち往生をしていた私達に、「おはよう」と声をかけてくれた先生がいました。障害のある子ども達が通う「ドングリ」の先生でした。その先生に誘われ、私達はドングリのクラスに通い始めました。

一カ月が過ぎた頃、私は「お母さんが毎日学校に行くことは難しいの。アケミがずっとこうしてほしいのなら、仕事をやめようと思う。ただね、仕事をやめるとお金に困ることも出てくるの」と話しました。

黙って聞いていたアケミは「仕事はやめなくていいよ。玩具も欲しいし、ご馳走も食べたい」と言いました。さっそくドングリの先生に伝えると、「明日からアケミさんに行く、行かないを決めさせてみては？　欠席しても学校とのつながりは切れないようにします」と言われました。翌日から、アケミは自分で決めて学校を休みましたが、先生はドングリのお友達と一緒にわが家に顔を見せて、アケミを誘ってくださいました。

ドングリのお友達の手助けをしてほしいと頼まれたことを機に、アケミは始業時間に合わせて登校するようになりました。三年生になると、教科によっては普通学級へ戻りました。同じ頃、新たに不登校の子がドングリのクラスに入りました。その子は暴れて大変な様子です。先生が「アケミさんが給食を食べるところがなくなったよ」と言うと、アケミは自分の給食を持ってドングリから出ていったそうです。また、先生が「一年前にこんな子がいたよね」と言うと、アケミはそっぽを向いて「違うアケミちゃんでしょ」と言い返したそうです。こうしてアケミは普通学級に戻りました。

ただ、友達は誰もいません。そんなアケミの相手は熊のぬいぐるみでした。家中をどこでも連れて歩き、一緒に寝ていましたが、大きな熊は家族の苦情の的になりました。すると、布団かけのガーゼのシーツが熊の代わりになりました。シーツを洗うと「どこへいったの」と探しまわり、まだ濡れているのを「洗わなくていいから」と、肌身離さず持つようになりました。ついにはほつれて、今ではただのぼろきれです。それでも、指を吸いながら「この感じがとてもいいの」と安心しています。

この春、小学五年生になるアケミは、「お母さんと一緒でないと……」と言って、一人では外へ出かけることもできないのでした。

次男・サトシ（小学二年生）

ハジメが三歳、アケミが二歳の時にサトシは生まれました。

本当に時間との戦いでした。仕事が終われば、保育所、幼稚園のお迎えと、立ち止まっている暇はありません。迎えに行くと、残っているのはいつもわが家の子どもだけでした。毎日があっという間に過ぎていったせいか、サトシがハイハイをしたり、つかまり立ちをしたりした時の光景が思い出せません。離乳食の時期もそこそこに、サトシは皆に交じって普通のご飯を食べていました。

その頃、海外に長期赴任していた夫が急死しました。私の母の寡婦生活は知ってはいましたが、一人で子どもを育てることの大変さを思い、おそろしくなりました。でも、どうしたらよいというのでしょう。毎日は何事もなかったように変わらぬ忙しさで、怖さや不安を振り払わなければ、一日が過ぎていきません。

サトシは保育所に通い始めると、すぐに滲出性《しんしゅっせい》中耳炎になり、長い耳鼻科通いもしました。同時に喘息《ぜんそく》にもなり、生後十カ月の時には毎日病院で点滴を受けても治まらず、医師からは入院を勧められました。機嫌の悪いサトシを抱いては、ソファで眠る夜が続きました。また、アトピー性皮膚炎とも言われ、寝つく頃になると決まったようにポリポリと体を掻き始めます。

ある晩、何をしても寝つかず、途方に暮れた私は「もう、いい加減にして！」と声を荒らげてしまいました。驚いたサトシがめそめそと泣き始め、私も「ごめん、ごめん」と一緒に泣きました。毎日が睡眠不足で、アケミからは「座ると寝てしまうお母さん」と言われながら、何もかも忘れて眠ることができたらどんなに幸せだろうと思いました。

小さなサトシも三歳になり、幼稚園へ移りました。他の子と同じように戦隊もののテレビ番組に興味を持ち、玩具が欲しいとねだりました。ハジメに物をねだられたことがなかった私は、「サトシは普通」とホッとしました。

幼稚園では素直な良い子だと言われ、「給食も全部食べる。ただ、絵を描くのが嫌いと言っていた」とも言われました。給食には驚きました。サトシは卵アレルギーでしたが、離乳食も手を抜かれがちで、粗末なおかずで育ってきました。また、サトシが「食べたくない」と言えば、義母はすぐに好きなお味噌汁とふりかけを運んできます。どうにか好き嫌いをなくそうと私が食事を口へ運んでも、義母は「そんな無理にしなくても」と言います。帰りが遅い私は一緒に食事をする機会も少なく、サトシの好き嫌いは一向に直りませんでした。

絵については、たしかにサトシが絵を描いている姿を見かけないことに気づきました。気になって二人きりになった時に描いてみると、私が描く絵を見ては「豚さんを描いて！　次は猫さん」と楽しそうです。「今度はサトシね」と言えば、何かしら描いてくれます。「絵を描くのは楽しい？」「うん。でもね、へたくそだから……」。誰がこの子にへたくそなんて言ったのでしょう。それきり、サトシと絵を描く機会はなかったような気がします。

幼稚園で毎年開かれる作品展で、サトシの絵はいつもクラスの誰かと似た絵であり、ハジメやアケミの絵はそれぞれに違っていました。ハジメの絵はいつも印象に残った物が紙いっぱいに描いてあり、アケミの絵は一つの物が丁寧に描いてありました。もう一つ気がついたのは、皆が同じような絵を描いているクラスと、子ども達一人ひとりが違った見方をしたと思わせるクラスがあることでした。

家にいるサトシはいつもハジメやアケミにくっついていたので、私に叱られることもありませんでした。アケミに「お母さんはサトシを怒らない」と言われ、そのことに気がつきました。ハジメのように、ぬいぐるみの小さなほつれから中綿を全部掘り出したり、アケミのように襖から箪笥、ソファと至るところになぐり書きをするといった大事件を起こしたことはありません。大声で泣くことはなく、姿が見えないので探すと、誰もいない部屋の隅で声を立てずに泣いています。「サトシ、どうしたの？」と声をかけると、決まったようにアケミが「だって、サトシが悪いんだもの」と答えました。いつも勝てないサトシは、やっぱり部屋の隅で泣いていました。

小学校へ入学しても、家から離れた幼稚園に行っていたため、一緒に遊ぶ近所の友達がいません。一人で家の中にいることが多く、何も思いつかないサトシは「ヒマだぁ」と言ってはテレビを観ていることが多かったようです。一年生の夏休みが終わる頃、体重が一気に増えて、二学期の運動会で同じクラスのお母さんから「あの華奢《きやしや》だったサトシ君とは信じられない」と言われたほどでした。

特に目立つことのないサトシが肥り始め、「食べすぎじゃない？」と声をかければ、「食べるな、なんてかわいそうなことを言わないで」と義母に止められます。そしてサトシは、遊ぼうともしない引っ込み思案の、肥ったお腹の小学二年生になりました。

私は、子ども達を西木先生に会わせることを躊躇《ちゆうちよ》しました。どうであろうが、私にとっては大事な子ども達です。しかし、他人の目には他のどの子よりも劣って見えるのではないだろうか。今まで親は何をしてきたんだと言われるのではないか。そう思うと、怖くて仕方がありませんでした。ましてや、私にはこの子達に足りないものは何か、それを補うにはどうしたらいいのかわからないのですから、恥ずかしい気持ちでいっぱいでした。

どうにか子ども達を変えることができないものかと、わが家から四キロほど離れた公園の後ろにある山へ行こうと、子ども達を誘いました。計画も道案内も子ども達です。あっという間に着きました。

公園の遊具にも飽きた頃、さあ山へ登ろうと声をかけました。少し登ると道がなくなり、アケミが先に駆け上がり、ハジメも後ろを振り向きながら行ってしまいました。二人の姿が見えなくなり、サトシも離れかけた時、私は急に怖くなって、大きな声で叫びました。「みんな、どこへ行くの！　待ちなさい！」「どうして先に行ってしまうの！　何かあったらどうするの！」。必死に子ども達を止めていました。

山を下りると、初めての体験だったからか、子ども達は「来年も行こうね」と楽しそうにしていました。私は山で子ども達を止めたことがいつまでも心に残り、これでは子ども達を先へ進ませることができないのではないかと思うようになりました。

このままではいけない。私が一歩踏み出さなくてはだめだ。誰かに何か言われることを怖がっていては何も変わらない。どうしてこうなったかがわからないままでいいわけがない。

子どもにとって良いか悪いかはわからないけれど、とにかく何か新しいことを始めてみようと、ようやく思いきりました。こうして、オオカミ山の麓へ向かったのです。

第一話

オオカミ山

◆一九九八年　早春◆

なんとアケミは名乗れない！

不安でいっぱい　でも第一歩――花崎佑子

「子ども達を誘って山へ行こう」と決めたものの、この誘いに子ども達が乗ってくるかどうか、自信がありませんでした。

三人を集めて山へ行こうと言うと、小学六年生のハジメは「行ってもいいよ」、小学五年生のアケミは「誰と行くの？　どこへ行くの？　どういうところなの？」。私は「山のことをよく知っている人に連れていってもらうの」と答え、最後に小学二年生のサトシが「お母さんが行くなら行ってもいいよ」と言いました。

出発前日、早朝の集合時間を告げると、子ども達は驚いた顔をしています。準備は何から何まで私が口を出し、手を出しました。サトシやアケミは荷物を一つ用意するたびに「どうするの？」「次は？」と騒ぎます。それぞれが自分のことに一生懸命なのに、長男のハジメだけがアケミの荷物の中身をのぞき、「サトシのお手伝い」と言って、自分の準備ができません。下の二人の準備ができたところで、叱られながらやっと取りかかり、予定よりもかなり遅れて眠りました。

当日の朝、子ども達はなかなか起きませんでした。どうにか集合場所に到着すると、私に促された子ども達は聞こえるか聞こえないかくらいの声で、山の先生に「おはようございます」と挨拶をしました。直後、小声で「おジイさんじゃないの。大丈夫？」と聞いてきました。

車に乗り込むと先生から自己紹介を求められ、最初にハジメが答えました。次はアケミ。でも、答えられません。立ち寄ったコンビニでも、できません。気まずい雰囲気の中、車はオオカミ山の登り口に到着してしまいました。

ハジメを先頭に、私達は一列になって山を登り始めました。今まで歩いたことのないような細い山道で、ハジメは不安げに何度も後ろを振り返ります。「道だと思うところを進みなさい」。先生に言われ、振り返る回数が徐々に減ってきました。次は、アケミが先頭になるように言われました。しばらくして広い場所に出ると、大人の膝まで雪が積もっていました。小さな動物の足跡も見つけました。登り始めの不安そうな顔はもう見られません。

頂上に着くと、自分達が車で来た道を遠くに小さく見ながら昼食の用意を始め、ナイフを使って木のお箸も作りました。お昼は先生にチーズフォンデュを作ってもらいます。チーズを食べないサトシは食べるかしらと心配になりました。先生が昼食を作る様子をサトシは何とも言えない表情で見ていましたが、いざできあがると、食べること食べること。さっきの心配が馬鹿らしく思えるほど食べました。そして最後に「おいしかった！」と一言です。後で聞くと、山のチーズは家のチーズと違っておいしいのだそうです。

お腹がふくれた後、子ども達は雪を固めて坂道を作り、シートを使って滑り始めました。狭い山の上で方向を見定め、三人が夢中になって滑っています。

一段落した頃、先生がロープを使って山の斜面を下りられるようにしてくれました。最初にハジメが滑り、次にサトシ。アケミは気にしながらも、まだ自分の名前が言えません。「次に下りる人の名前は？」と先生に言われ、小さな声で「アケミ」と答えましたが、先生には聞こえません。大きな声でもう一度言ってごらんよと促しても言えません。すると、アケミは固めた雪のほうへ戻ってしまいました。先生は、私にもロープで滑って下りるようにと言います。どうしても下りなくてはいけないのかと迷いました。

ハジメと私が斜面に挑戦すると、気になるのか、アケミがこちらを窺っています。もう一度先生のところへ促すと、やっと名前が言えました。その後、男チームと女チームに分かれて遊び始め、私はアケミに言われるまま、一緒に雪の洞穴作りをしました。子ども達が雪の坂道を散々滑ったところで帰る時間になりました。

帰る途中、バイキング形式のお店に寄りました。様々な料理が並ぶ中、自分の食べたい物はお店の人にお願いし、お皿に載せてもらわなければなりません。

皆がそれぞれに食事を始めた頃、アケミが「お母さん、焼きそばをもらってきて」と言いました。いつもなら「いいよ」と取りに行くところですが、「アケミ、今日は自分で取ってらっしゃいよ。お母さん、食べ始めたところだもの」と答えると、「取ってきて」「取ってらっしゃいよ」の押し問答が始まりました。

そうこうするうちに、皆が食事を終えました。「もういいのかな?」。声をかけると、アケミはうつむいたまま動きません。「ごちそうさま」と皆が手を合わすと、不服そうな顔で私を見ずにお店を出ていきました。アケミにとって、いつもと違う私はどんなふうに見えたのでしょう。

ともかく挨拶　今日の目標——西木大十

とうとう、佑子が子ども達を連れてやってきた。実際に会ってみると、想像していたより大変そうである。

早朝の薄暗い車内で自己紹介をしてもらうと、長男はすらすらと名前も学年も名乗ったのに、長女のアケミは一言も口をきかない。「次は誰なの?」「……」「いるの?　いないの?」「……」。次男のサトシが小さい声で「アケミ」と言った。たまらず口添えしたのだ。他人に名乗ってもらってはいけない。自分で名乗らなければならない。

朝日が昇り始めた頃、コンビニに立ち寄って、初めて明るい場所で子ども達と顔を合わせた。アケミはふらふらと母親にまつわりつきながら車から降りてきた。見ると、その顔はそれこそ奇妙に歪んでいた。泣くのか笑うのか、顔の造作はこれまでに見た人間の自然な表情のどれにも当てはまらなかった。「君の名前をまだ聞いていないね」「……」。声をかけられれば、ますます苦痛だろう。

今日の目標は決まった。アケミに自分を名乗らせる。「いいか、帰るまでに自分の名前を言わせるぞ」。佑子にささやいた。佑子は真面目な顔をして黙っていたが、後で聞けば、「そんなこと、とてもできない」と思ったそうだ。「いつもこんななの?」「初めての人にはね」「名乗らせたことは?」「ありません」。まあ、いいさ。やりたくてたまらないことを目の前でして見せて、名乗らなければできないように仕向ければ、アケミも名乗る苦痛の中に飛び込んでくるに違いない。

オオカミ山の登り口に着いた。「あれが頂上だ。高くて遠いね」。子ども達は黙って指差すほうを見上げていた。「いいか、君達。腹に力を入れて頂上を見ろよ」。長男と次男を代わる代わる後ろから抱えて、それぞれに言った。「君はこれから、あそこまで登るのだ。登る心は決まったか!」。アケミは母親の後ろに隠れて出てこない。

林道が終わり、ほんとうの登りにかかった。そこで、皆が肩から下げていたシュリンゲにカラビナをつけさせた。

「一緒に登るのに名前を知らないのでは……」。これでは道具を貸すわけにはいかない。最初は長男に先頭を行かせた。道筋もよく見えない雪の中を勘で行く経験を一人ひとりにさせたかった。いつも、出来合いのお決まりがあるのではない。一人ずつ交代させた。

「ひもがほどけた。お母さん、やって」。次男が母親に近寄ってきた。佑子はかがんで靴ひもを締めてやった。おいおい、ちょっと待ってくれ。「自分でやらせろよ。いつもこうなの？」「そう、あまり一緒にいることがないから、ついね」「今度ほどけたら、片方で結び方の手本を見せて、片方は自分でやらせろよ」。

アケミは慣れてきたせいか、わざとルートを離れてヤブを分けて登り始めた。「そっちがいいの？」「こういうのが得意よ」とアケミが答えた。そうか、元気でいいことだ。好きなように思いきりやりなさい。今日のうちに必ず君を名乗らせる。きっと、名乗れるようになる。

頂上は灌木《かんぼく》がまばらに生えていた。箸は持ってこさせていない。用意した大小のナイフを子ども達に与えて、小枝で思い思いの箸を作らせた。うまく作らなければ食べにくいよ。道具が安直に手に入らないことがわかればいい。「お母さん」と言って手を出せば何でも手に入る、などと思い違えてほしくない。

聞けばアケミは、母親とともにいた時間がいちばん少ないようだ。きっと母親を満喫したことがないに違いない。佑子もそのことに気づいたようだ。

「アケミとできるだけ二人だけの時間を作るといいよ」「時間がないの」「工夫次第だよ」「だって、食事や買い物やお掃除や、とても忙しいの」「例えば、帰ってちょっとした時間に車の中へ呼んでお喋りするとか……」「そういう気がないのね、私って」「代わりはいない。できるのはアケミが母親だと思っている者だけだ」。

　食事も済ませて、子ども達は滑り台を作って雪遊びを始めた。頂上から北側は木立の少ない急斜面だった。三十メートルのザイルを木に括《くく》りつけて下に垂らした。「おおい、こっちへ来いよ」。垂らしたザイルの下端の止めにシュリンゲのカラビナを通すと、長男と次男がわいわい言いながら交代で滑り始めた。

　楽しげに滑る二人をアケミはしばらく黙って見ていた。「君の名前は？」「アケミ」。やっと小さな声で言ったが、こんな小声では名乗り出たうちに入らない。聞こえない振りをして無視した。「君の名前は？」「……」。アケミは離れていった。よかろう、あと一歩だ。「佑子もザイルで滑りなさい」「私が？」。佑子はちょっとの間動かなかった。でも、斜面へ向かって歩き出した。長男と滑り始めた。ぎごちなく自分の遊びを続けていたアケミも母親のほうへ寄っていった。でも、彼女はシュリンゲもカラビナも持っていない。

　つとアケミが顔を向けてきた。「先生、私に貸してください」。とうとう言えるか！　「君の名前は？」「アケミ」。はっきりとした声だった。大きい声だった。そうか、ついに名乗れたね。「わかった。貸してあげよう」。道具をつけると、彼女は滑っている母親のほうへ急いだ。

ひとしきり雪の滑り台で遊んだ長男と次男をこちらへ誘って、佑子とアケミを二人だけにした。戻ってくると、二人はお喋りしながら一緒に雪の穴を掘っていた。

日も傾き、頂上は寒々として静けさを増した。何時間過ごしたことやら。

車のある登り口まで下りて皆が着替えている間、アケミを誘った。「フキノトウを採ろう」。彼女はフキノトウを指先でそっとつまんで軽く引くだけだから千切れない。そうか、後先構わず無茶をしたことがないんだね。「いいかい、こうしてぐっと折って、千切ればいいんだよ」「帰ったら『テンプラにして』って渡してごらん。お母さんびっくりするよ」。彼女はずっと黙ったままだった。

「佑子、子ども達に一人ずつ、お礼の挨拶をさせなさい」。長男と次男は「先生、ありがとうございました。これを返します」とカラビナやシュリンゲを手渡しにきた。アケミはなかなかやってこない。車にへばりついたままだ。別れの挨拶とお礼を言うのが当たり前だ。来るまで待つぞ。しばらく待っていると、母親に押し出されるようにしてやってきた。

「先生、ありがとうございました。これをありがとうございました」。小さい声だ。「え、なに？」「ありがとうございました」。今度は大きな声だ。「君と一緒に山へ登って、とても楽しかったよ。また一緒に行こうね」。

第二話

タニマツ洞

◆一九九八年　夏隣◆

服を着たまま極彩色に沢登る

生まれて初めて知る遊び――花崎佑子

オオカミ山を訪れていちばん喜んだのは私のようでした。思いきり遊んだ子ども達を思い出しては、「面白かったね。また山へ行こう」と何度も言う私よりも早く、子ども達は普段の生活に戻っていきました。アケミは「今度はお母さんと二人で行きたい」と言いました。考えてみると、アケミと二人きりで出かけたことはほんの一、二回しかありません。

さっそく次の日曜日、私一人でも連れていけるキンポウ山に、アケミと二人で出かけました。ところが、ゆっくり歩き始めたものの、いつものアケミと少し様子が違います。「休憩しようよ。なんか疲れた」。そう繰り返すアケミに、思わず「どうしたの?」と聞けば、「疲れただけ」と答えるばかりで、登る前の笑顔はどこかへ消えていました。

やっと着いた頂上は人がいっぱいで、日の当たる岩の上でお昼を食べました。穏やかな時が流れて一時間ほど経った頃、山を下りることにしました。短い間でしたが、お互いに怒ることも騒ぐこともない静かなひとときでした。

わが家に帰ったアケミは、どこか落ち着いたように見えました。アケミにはアケミだけの時間が必要なのかもしれない。そう思わされた一日でした。

そして、一度は雨で流れたため、一層待ち遠しくなっていた二回目の山登りが五月某日に決まりました。「山の先生と一緒にまた山へ行こう」と子ども達を誘うと、オオカミ山が余程楽しかったのか、すぐに「行く！」と返ってきました。

「先生から、水に濡れないように、荷物をビニール袋に入れてからリュックに詰めるように言われたよ」。そう言うと、「えっ、どこへ行くの？」と尋ねてきました。前回よりも荷造りが早く済んだアケミとサトシは寝床に入りましたが、ハジメはまた出遅れています。今回も口はよく動きますが、なかなか荷造りが終わりません。

当日は朝から良いお天気に恵まれました。いざ登る準備です。ロープを腰に巻き、カラビナをつけたところで、先生から「名前を忘れてしまった。もう一度自己紹介」と言われました。最初にハジメが名乗り、次のアケミに視線を移すと、こちらを見ることもなく名前を言うことができました。

登り口に立つと、右は山、左には谷川が流れています。「さあ出発！」。掛け声で子ども達が一斉に右を向いた途端、先生は左の谷川の中にザブザブと入っていきました。一瞬、子ども達の動きが止まり、号令をかけたかのように私のほうを振り返りました。驚いたのは私も同じでしたが、手で「行け、行け」と合図をすると、子ども達は「ニィッ」と笑い、急いで先生の後をついていきました。

谷川の石はツルツルとよく滑り、転ばないように歩くのは大変です。濡れるのは足元だけと考えていたのは大間違いで、そのうち一人、二人と転び、ついに私まで腰から下がずぶ濡れになりました。

谷幅は徐々に狭くなり、大きな岩が増えて流れも急になり深さも増していきます。アケミは周りを気にせず表情が活き活きとして、サトシはついていくのに必死で弱音を吐く暇さえないようです。ハジメは先生の後を忠実に追っています。

やっと広い場所に出たところで、お昼を食べることにしました。その前に、先生とハジメは少し先にある滝を見に出かけました。アケミは大きな岩を見つけてリュックを置き、まずひと泳ぎ。その後、濡れた服を脱ぎ、「洗濯」と言って岩に干し始めました。あっちへ行ったりこっちに来たり、サトシと二人で何やら忙しそうにしています。

ハジメ達が戻ってくると、お昼の準備が始まりました。今日のメニューは「ぜんざい」でしたが、砂糖の加減が難しく、甘くなりすぎて満腹になるまで食べられませんでした。あのぜんざいだけは、いまだに誰ももう一度食べたいとは言いません。

食べ終えると、ハジメは先生のコンパスについているレンズを使って紙を燃やそうと試しています。サトシは、いつ燃え始めるのか、その瞬間が見たくて身じろぎもしません。アケミはぜんざいが途方もなく甘かったとお喋りしながら、片付けを手伝ってくれました。片付けが終わると、アケミは穏やかな顔をして、一人楽しそうに遊んでいました。大騒ぎしたオオカミ山とは違う、静かな時間が過ぎていきました。

帰りは水の流れにしたがって沢を下り、子ども達は私を置いてどんどん先に下りていきます。岩の上を滑ったり、流れに合わせて泳いだりして調子よく進んでいると、谷が高い岩の壁に挟まれ、深い淵になった場所に出ました。どうやって進めばよいのかわかりません。

すると、先生がハジメにロープの片端を渡し、もう一方の端を持って泳いでいきました。腰のロープのカラビナを使い、引っ張ってもらうのです。サトシが最初に飛び込み、無事に先生の元へ泳ぎつきました。その様子に安心したのか、アケミも飛び込みました。

ちょっとしたスリルを味わいながらの楽しい下りを経て、谷幅も広くなったところをそれぞれ気ままに歩いていると、先生が「こんなところを通ったかな」と誰とはなしに聞きました。するとアケミが、「もう少し先のところが、さっき先生が水を飲んだところだよ」と答えました。オオカミ山とは違うアケミの様子に驚かされました。

車に着くと、夕方の五時近くになっていました。濡れた体が冷え始め、皆が急いで着替えていると、ハジメだけが車の窓をのぞいたり、傍らで何やら見つけて遊んだりしています。

皆の着替えも終わり、車のエンジンをかけても急ぐ様子はありません。結局、私に追い立てられて、やっと着替え始めました。

夕食は子ども達の望みで焼肉となりましたが、そこでアケミの雲行きが怪しくなりました。サトシに向かって「手がぶつかった」「私が食べようと思ったお肉を食べた」と文句を言い、そのうちに手が出て足が出て、椅子の上で寝転がり、注意すればするほどエスカレートしていきました。止めるように言っても止めないアケミに腹が立ってきました。目の前で大騒ぎをしているのに、ハジメは気にせず、自分の話を先生に聞いてもらおうと一生懸命に喋り続けています。

店を出た後、アケミに楽しかった一日を台無しにしたこと、他のお客さんに迷惑をかけたことを告げました。アケミはわが家に着くまで押し黙ったままでした。このまま終わらせてはいけないと思った私は、不機嫌なアケミを誘ってお風呂に入りました。「面白かったね。先生がこんなところを通ったかなと言った時、アケミはよくわかったね」と話すと、嬉しそうに笑っていました。そして、「先生のこと好きだよ」と照れもせずに言いました。

本気　本物　全身で遊ぶ——西木大十

帰りに寄った焼肉屋で子ども達は行儀が悪かった。アケミとサトシが騒がしい間も、長男のハジメは友達と遊んだ廃屋の模様をひたすら喋り続けていた。ただ、その話し方はまるで抑揚がない。この子の頭の中は時間や物事の区切りの枠がない。もしあるのなら、大事なこと、注意してもらいたいことを取り上げながら話をするものだろう。

「佑子。君はいつ、子ども達と話をしているの?」「お風呂の中よ。今日は誰って、みんな私と入りたがるの」「それはいいね。君が関心を持っていることを彼らが感じることが大切なんだよ」「わかるわ」「自分が安心していられる、と彼らが知ることが大事なんだ。人間の情緒はそうやって安定する。そうしないと、落ち着きのない、つっけんどんな、すぐに苛立つ、身勝手な、おかしな人間になってしまうのさ」。

さて、今回は沢登りである。五月になれば、水も温《ぬる》んで濡れても大したことはない。この子達は満腹になるまで遊びを楽しんだことがない。どんなことでもいいが、自分の気持ちの最後まで、つまり心の底から満足することを子どものうちに繰り返し経験しなければ、強い感情、はたまた落ち着きや勇気といった高い心性が育つ土台はできないものだ。

ともかく思う存分遊ばせよう。無理かなと思うことも思いきってさせれば、子どもは遣り果たせるものである。手足の骨折くらい、子どもならすぐ治る。心の骨折はなかなか治らない。

谷水の流れの中を、濡れるのも気にせず溯《さかのぼ》るのは爽快だろう。岩に取りついて、滑り落ちたり転んだり、したい放題で登るのだ。太陽が高く上がれば泳いでも冷たくはない。服のまま靴を履いたまま、ザックを背負ったままでバタバタ泳ぐなんて、心の中はしっちゃかめっちゃか、極彩色の興奮だ。今日一日ヘトヘトにさせよう。それほどまでに頭も体も、自分の全部を使って一日の時間を過ごしたことがないはずだ。

まだ日は高いが、そろそろ帰るとしよう。下山の沢下りも楽しいものだ。登りには高巻きした深い淵にきた。よし、ここはザイルで引いて泳がせよう。長男のハジメにザイルの一方の端を持たせて、淵の傍の岩に立たせた。片方の責任は君がしっかり担うのだ。

先に泳いでいって浅瀬に立つと、アケミに向かって泳いでくるように合図した。ああだこうだと騒いでアケミは飛び込まない。そうだね、君は誰かがした後にしかしない。その後で、工夫して上手にできたって満足するんだ。今日のところは、君を後回しにしておくとしよう。

「サトシ、来い！」。次男が気合い十分に飛び込んで深い淵を泳いできた。こちらの端を次男に持たせて後続を引かせることにした。「アケミ、来い！　君の命はサトシに任せた！」。騒いでいるのも構わずザイルを引いて、アケミを淵へ飛び込ませた。サトシが引く。二人して大はしゃぎだ。次は当然母親だ。ここで長男が一人だけ取り残されることに気がついた。「ハジメ！　君に責任を任せた！　君は最後だ！」。一人残ったハジメは、最後に全員に引かれて淵を越えてきた。

車へ戻ると、長男ハジメの問題がはっきりとわかった。彼には過ぎ行く時間を意識する自意識がない。これまで彼の前には、何でも先回りして物事が用意されていたのだろう。そうでなくては、こうはならない。

自分で考えて物事に当たることのなかったハジメには、自ら考えて動かなければ、自分の身が危なくなることを体験させることが必要だ。またこれからだね。

第三話

オオワノ谷

◆一九九八年　夏至◆

体を歪めて立つハジメ

それぞれに違う育ちのありさま――花崎佑子

子ども達の部屋は三人一緒の六畳間で、いつも散らかり放題でした。夜八時から勉強、九時にはお風呂というのが子ども達との約束事になりましたが、守られたことはありません。中でも、ハジメはいちばん時間がかかりました。机に向かっても、散乱した物に目が向くと、すぐに飛びつきます。ただ、十一時になってもできていない宿題が、「もう遅いから寝なさい」と声をかけると、十分ほどで終わるのです。やればできることが、いつまでもできないのはどうしてなのか……。

ハジメは勉強がわからないと言ったことがありません。そんなハジメが、ある時、算数の宿題を前にして頭を抱えていました。私が時間をかけて問題の中身を説明すると、「わかった！」と声を上げ、無事に宿題が終わりました。ところがなんと、次の日に「昨日の問題はまだ習っていなかった」と言ったのです。それを聞いた時、以前担任から「授業を聞いていない」と言われたことを思い出しました。

小さい時から三人一緒、同じようにと思いながら育ててきましたが、オオカミ山やキンポウ山での子ども達を見て、三人の足並みが揃ってはいないと、初めて気づきました。そこで、思いきって「男部屋と女部屋」と称して、子ども達の六畳間に本棚で間仕切りを作り、片方をハジメとサトシに、もう一方をアケミの部屋にしました。

そして、散らかり放題の中から持ち主が自分の物を自分の箱に入れることにしたところ、この作業にいちばん時間がかかったのはやはりハジメでした。玩具を一つ手に取るたびに遊び出します。するとアケミが、「そんな物、捨てて」とゴミ箱へ運びます。

そんな二人を見ながら、私は掃除に忙しい振りをし、声をかけずに我慢していました。これまで時間に追われていた私は、常に子ども達の先回りをして手や口を出していましたが、我慢をすることのほうが余程大変なことだとわかりました。

次回の沢登りの前に、子ども達は先生から宿題をもらいました。ハジメは、腰に巻くロープの結び方を習得して、沢登りの前までに全員に教えること。アケミは、縮小した山の図から実際に歩く距離を求めること。サトシは、歩く距離と時間から出発の時刻を決めること。

私はまず、サトシに話しかけました。本人は「リンゴとミカンは全部でいくつ？」の問題と同じだと考えて足し算をしていますが、どうも答えがわからないようでした。そこで紙に一本線を引き、「歩く、休む、昼食、遊ぶ」と時間を順に区切って書き込ませました。「出発を十時にすると、下山は夕方の六時。でも、暗いからだめだ。じゃあ、出発を九時にしてみよう」などと、サトシは状況を想像しながら計算しています。そして、遅くとも八時には出発すると決めました。

次はアケミです。誰もいない土曜日を選び、「先生からの宿題は？」と尋ねると、「読んだよ。できない」と一言。「じゃあ、お母さんにも考えさせて」「エエッ？　いいよ！」と私に紙を渡してきました。縮小図に描かれた小さな三角形の数字から頂上までの実際の距離を導き出す問題ですが、アケミは少しずつ私の傍に近寄ってはくるものの、自分で取り組もうとはしません。私が定規で測り、距離と高さの三角形を書き、「ここは○○センチだけど、実際のキロメートルに直すと何倍になるのかなぁ」などと考えている振りをしていると、「割ればいい」とアケミから返ってきました。

「じゃあ、アケミが計算してみてよ」と促すと、ようやく宿題に興味が出てきたようで、定規を使って測り始めました。ただ、しばらくすると動きが止まり、「お母さん、後は自分でやってよ」と放り出しました。私はアケミが、センチをキロメートルに直す方法がわからないのだと気づきました。再び気の乗らなくなったアケミと一緒に考えながら、やっと答えが導き出せました。アケミに笑顔が戻りました。

お昼頃に始めた宿題が終わったのは、夕食の準備を始める時間でした。この間、アケミのぐずつきに苛立ち、怖い顔になりそうな自分を抑えようとして、とても疲れましたが、最後にアケミの笑顔を見てホッとし、時間をかけてよかったと思いました。

さあ、残るはハジメです。

「ロープの結び方はいつ教えてくれるの？」「教えると言っているのに、誰も来てくれない」。どうやら、自分の空いた時間に思いつきで誘っていたようです。ハジメが指定した日取りでは私の都合が悪いと言うと、そこでやっと都合というものがあると気づいたらしく、いつならばいいのかを皆に聞き始めました。

沢登りの三日前、皆の前でハジメは一生懸命に説明しましたが、うまく伝わりません。とうとう、各々が勝手にロープを結び始める始末。「これで大丈夫かな？」とハジメに尋ねても、「う〜む」と言うだけでした。

梅雨時の天気が気になったので先生と相談し、山へ行くかどうかを子ども達に決めさせることになりました。「明日は雨だと思うけど、どうしますか？」。ハジメは「僕は行きたい。どうせ濡れるからね」。アケミは「行く」。サトシだけ小さな声で「僕は行かない」と答えました。いつも一緒なのに、一人が欠けるとは信じられないことでした。

今までサトシ一人を置いていったことはなく、小学二年生のサトシは何があっても母親についてくると思っていたため、裏切られたような、淋しい気持ちがしてきました。

本人は小さな声で「行かない」と言うだけでしたが、幼い自分は前回のタニマツ洞で必死だったからか、雨が降っていたらもっと大変だと、サトシなりに考えたのでしょう。結局、サトシは家に残り、早朝に出発していく私達を義母と一緒に見送ってくれました。

いつもと比べて車の中は何かしら静かで、登り口に着いた時は雨になりそうでした。オオイワノ谷は、タニマツ洞よりも川幅が狭く、岩も大きくて流れも少し急なようでした。足を止めると寒さが身に染みます。空を見上げて雨が降り出したことに気がつきました。アケミは大変と言いながらも、活き活きとした表情で登っていきます。いつもお喋りなハジメも、人の世話を焼いたり話しかけたりする余裕はないようです。

広い場所に出たところで休憩と決めました。ハジメと先生はその先にある滝まで出かけていきました。私とアケミは、二人がやっと座れる岩を見つけて体を寄せ合い、二人の帰りを待ちました。濡れた体に雨が当たり、急に冷えてきました。いつしか私とアケミは居眠りを始めていました。「サトシだったら凍ってしまうかもしれないね」など、ポツリポツリと話しては眠っていたようです。

先生と一緒に帰ってきたハジメは満足気な顔をし、雨除けのシートを張る動きも軽く、テキパキと昼食の用意に取りかかりました。そんなハジメを見ながら、この先の滝にはどんな魔力があったのかと思いました。夏至に差しかかる頃とはいえ、昼食を終えると寒くて早々に引き揚げることになりました。

車まで戻り、冷たくなった体を早く温めようと着替えを始めると、さっきまでテキパキと動いていたハジメがああだこうだと言い始め、着替えるのに時間がかかりました。アケミはそんなハジメに腹を立てて着替えができなくなりました。山を下りた二人は、あっという間にいつもの二人に戻ってしまいました。

見え隠れする一人ひとりの課題――西木大十

子ども達に個別の空間を与えて、自分で管理させることはとても大事なことだ。他人のペースに煩わされていては自己管理が経験できない。小さな部屋でもシーツで仕切り、各自の空間を作るのだ。狭ければ狭いなりに工夫すればいい。机が要るなら、日曜に親が公園へベニヤの合板を担いでいって、部屋に見合う机を作ればいいではないか。

タニマツ洞は面白かったに違いない。あのように、一日全部をかけて思いきり遊んだことはなかっただろう。それも、誰もいない自分達だけの静かな谷川である。感情の真底をいつも踏ませたい。それが子どもの人生だ。

ここからは少しずつ水準を上げよう。アケミは算数ができないし、取りかかろうともしないと、佑子から聞いた。立ち後れたままになっている。第一歩は、取りかかることに怖《お》じないで、できるようになることである。興味を持っていることにかこつけて算数に目を向けさせれば、多少は良いきっかけになるかもしれない。ともかく、考えることをさせねばならない。得てして考えようとしないことが躓《つまず》きの始まりなのである。わからないのではなく、怖じてわかろうとしないのである。下の二人に計算問題を出すことにした。すんなりとはできなかっただろうが、それでも子ども達から返事が来た。

長男のハジメは少し事情が違う。時間の観念の欠落が問題である。彼には責任を担わせ、なすべきことを成し遂げるように誘導しなければならない。こちらのほうが質的に難しそうではある。

今回の目的地、オオイワノ谷に着いた。小雨の谷は寒いものだ。休憩地に着き、ハジメを連れて上流へ向かった。滝を巻くところは草つきで、小さいながらも岩崖がある。危うい場所ではザイルを出した。いかにも華奢なハジメがきちんとついてくる。足の配りも悪くない。「君はなかなか登るのが上手だね。こんなところを登った子どもは今までにいないよ」。ハジメは少し得意そうに微笑《ほほえ》んだ。そう、自信が大事だ。

いくつか滝を越えて、一時間ほど登ったところの岩場で写真を撮った。立った姿がまだ軟弱だね。腰が斜めに崩れ、肩は下がり、足は膝で曲がっている。姿勢が凜々しくなるのはまだ先だよ。戻ってくると、佑子とアケミが小岩の上で二匹の猿のようにしゃがんでいた。

帰りの車中、ハジメが「クモさん、こっち来るな！」とひっきりなしに騒いでいた。はしゃいでいるのかと思っていたが、後で佑子に聞くと「本気なのよ。虫をとても怖がるの」。

まさかと思ったが、後日、ヨドミヶ岳でその通りだとわかった。
今回、サトシは来なかった。いつも誘われればついてくるのに自分から辞退した。そして早朝に起き出して、皆を見送り一人居残った。初めての経験だ。この先の変貌の微《かす》かな導入部となるだろう。

【アケミへの宿題】

アケミ君
今度の行き先を、「タニマツ洞」と「オオイワノ谷」のどちらにするかを考えています。「タニマツ洞」は、杣道《そまみち》（昔、木こりが使った道）を歩いて、前に引き返した滝の上へ出て、そこから谷に入ります。行程の見当をつけるために、出発点と目的地の距離を地図上で直線として測りました。さらに、標高（海抜：海の表面からの高さ。海の表面は海抜ゼロメートル）を調べました。
次に示した図を見てください。君が実際に歩くのは、図の三角形の斜めの距離ですね。こんなに鳥のように空中をまっすぐに歩けたら、どんな気分になるでしょう。本物の山では谷は右に左に曲がりくねって岩を上り下りするので、実際に歩くのはもっと長い距離です。でも、おおよその見当はつけられそうです。こうして知っておいたほうが、自分のすることがわかって楽しいものです。

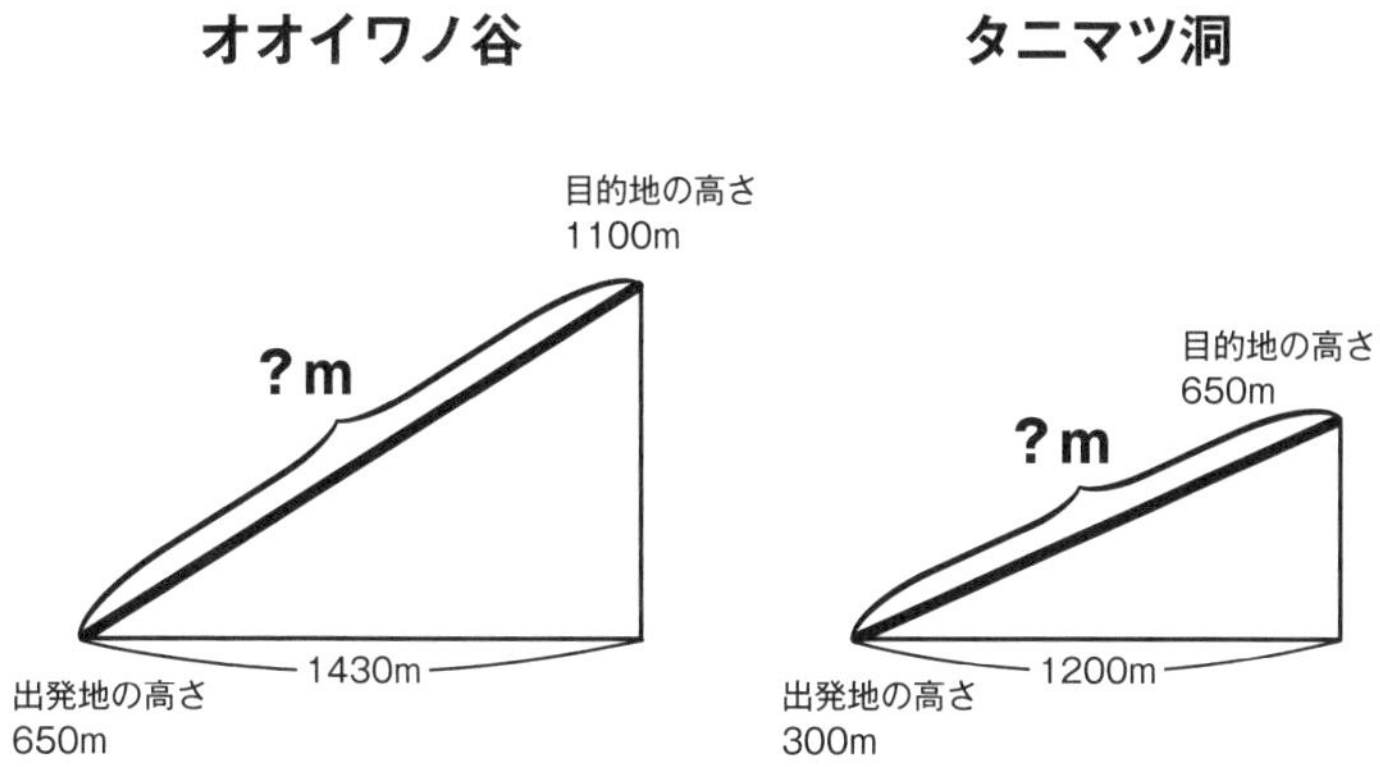

そこで君に頼みがあります。斜め部分の距離を計算して教えてください。計算の仕方は、君の工夫に任せます。定規で正確な縮尺図（大きさを縮めた、形は元と同じ図形）を書いて、実際と縮尺図の割合を考えながら計算すると、よいのではないでしょうか？

君の計算も参考にしながら、行く先を決めようと思います。

以上、山の先生

【先生へ】

先生、斜め部分の距離を計算した結果、「オオイワノ谷」は約千五百五十メートルでした。また、「タニマツ洞」は約千二百二十メートルでした。

◎感想

さわ登りのときは、とてもたのしかったです。ここでもうこおりづけになったきぶんで、水の中に入りました。（ふかい所で）でも、とびこむときは、そんなことおかまいなしにとびこんでいました。そのときは、たのしくてしかたがありませんでした。また、色々な所へつれていってください。私は、その日がくるのがとてもたのしみです。

アケミより

【サトシへの宿題】

サトシ君

オオカミ山でもタニマツ洞でも、君はずいぶん力を出してがんばりましたね。今度は、もうすこしたくさん歩かなければならないかもしれません。

君が歩けるかどうかを考えてみましょう。もしも休まず歩き続けたなら、二時間で目的地に着けるとします。八時に出発したら十時に着きます。ところが、実際には休みながら歩きます。八時に出発して三十分歩いては十分休み、また歩き始めて三十分たったら十分休む、というように繰り返したら、何時に目的地に着くことができるかを考えてください。

そして、目的地で昼ご飯を食べて遊びます。その食べて遊ぶ時間が三時間とします。何時に目的地を出発することになるでしょうか？

帰りも同じように、三十分歩いては十分休みながら下りてきたら、何時に帰り着くことができるでしょうか？　真夜中では困りますね。一時間は六十分だということを忘れないでください。

以上、山の先生

【先生へ】

八時から出発したら昼までに、二時間三十分かかります。お昼で三時間休んで、出発した時こくと合わせると、一時三十分になります。帰りの時間も出発した時こくと同じなので、ぜんぶ合わせると四時に着くことができます。遅れたとしても九時には出発しなければいけません。

サトシより

【ハジメの返答】

先生へ

先生、帰路の目印になる布は見つかりました。枚数は念のため十三枚にしておきました。ロープのつけかたは、アケミがちょっと心配だけど、なんとかみんな覚えました。カラビナのつけかたは、お母さんが知っていました。みんなちゃんと覚えました。

ハジメより

第四話

アオノミズ

◆一九九八年　仲夏◆

もう山からは離れられない

夢中に遊ぶ子どもの一日――花崎佑子

アケミはいつも、自分をハジメと比べます。「お兄ちゃんは逆上がりができない」「五十メートル走も私のほうが速い」。「お兄ちゃんはお兄ちゃん、アケミはアケミだよ」と私が言っても知らない振りで、自分をハジメと比べては満足していました。そんなアケミをどうにかしたいと考えながらも、私には良い知恵が浮かびませんでした。

夏の日差しに変わる頃、私はアケミに「また、沢登りに行かない？」と持ちかけました。前回からひと月も経ってはいませんが、アケミは大乗り気。さっそく、先生に手紙を書くように勧めました。

数日後、先生から返事が届き、今回はアケミと、前回は同行しなかったサトシの二人で出かけることになりました。返事には「（帰路の目印にする）赤布を用意、昼食を用意、浮き袋を持参」と書いてありました。アケミは昼食の用意も買い物も、サトシをはねのけて取りかかる張り切りようでした。一緒に行けないと泣きそうな顔をしているハジメには、これはアケミが先生に頼んだ沢登りだから、日を改めて小学六年生の男の子に合った場所に連れていってもらうのがいいのではないかと話しました。

前日の準備は順調に進み、いつもは一緒に寝ないアケミとサトシが私から離れて布団を並べて眠り、当日の朝も私が起こすことなく二人は起きてきました。空は快晴。自然と心も弾んでくるような良いお天気に恵まれました。

今回の行き先は、以前訪れたタニマツ洞の奥ということで、前回と同じ谷川を目指して歩き出しました。しばらく進むと、前を歩いていた子ども達の足が止まりました。呼ばれて近づくと、カモシカの死骸がありました。私の足も止まりました。

「平気な顔をしていろ」。先生が私に耳打ちします。アケミもサトシも、無言で立ちすくんでいます。「どうしたのかな？」と話しながら、先生は写真を撮ろうとサトシを誘いました。腰が引けながらも、サトシは言われるまま死骸を指差し、ポーズを取りました。

しばらく歩くと谷川に出ました。子ども達は前回と同じく谷川に入るものと思っていたようですが、先生から今日は右手の山を行くと言われ、少し戸惑った顔になりました。山道といっても、誰かが踏んだに過ぎない跡のような木こり道でした。半年前、公園の後ろにあるなだらかな山道を進む子ども達を見て、「危ないから行かないで！」と制止していた私が、こんなところを道だと思って歩いていることに不思議な気がしました。

アケミの足取りが遅くなり、「谷はまだ？」と言い始めてグズグズしていると、先生から「どうした？」と声をかけられました。サトシは何も言わずに登っていきます。

谷へ下りると言って急に先生が道を逸《そ》れました。待ってましたとばかりにアケミは先生を追いかけ、知らぬ間に私が最後尾になっていました。谷川に着くと、アケミは水の中で大はしゃぎです。先生の後を追うわけでもなく、気ままに水の中を登っていきます。先生とアケミについていけないサトシと私は、お互いの手を引きながら後を追いました。

先生が小さな滝の下に立ち、アケミに向かって、来るようにと声をかけました。でも、アケミは出ていけません。するとサトシに声がかかり、先生に抱き上げられ、滝水に打たれました。「ワァー！」と叫びながらも、とても楽しそうでした。

小さな滝がいくつか続き、また小滝を登ると、青色とも緑色とも言えない大きな滝つぼが目の前に現れました。先に上った子ども達も足が止まり、釘づけになっています。どんな言葉で言い表せばいいのかわからないほどに、それは美しい滝つぼでした。

さっそく、浮き輪を膨らませて水際で遊び始めた子ども達のために、先生はこちら側から向こう側の滝まで泳ぎ、子ども達が掴《つか》まれるよう、その間にロープを張ってくれました。

お昼を用意するため私の傍にやってきたものの、アケミはとても落ち着いて作ることができません。冷えた体を大きな岩の上で温めたり、岩と岩の間の水を追ってみたりと、子ども達は夢中で思いつくままに時を過ごしていました。

そそくさと昼食を済ませ、ひとしきり遊び回った後、先生が「そろそろ下りよう」と声をかけると、子ども達はぐずることもなく身支度を整え、滝つぼをもう一度振り返ってから谷川を下りていきました。帰りは水の流れに逆らうことなく、お尻で滑ったり泳いだりと、それもまた楽しい時間でした。

アケミが往路で木に括りつけた赤布が見えてきました。ここで谷川とはお別れです。二人とも惜しむように遊んでいます。「気の済むまで遊ばせよう」と先生が言いました。

アケミが「小さい魚がいる！」と言って、リュックからペットボトルを取り出して捕まえようとしました。三十分以上も顔を上げず、魚だけを見つめています。あれほど長い時間、じっと一つのことに集中するアケミを見るのは初めてでした。

日も傾き、寒さが身に染みてきました。「帰ろう」と私が声をかけると、アケミは捕まえた魚達を谷川に戻しました。往路とは違い、アケミの足取りは軽く、時々振り返っては「お母さん、遅い」と声をかけてくるほどでした。

帰りに寄った焼肉屋さんで、子ども達は昼食の分まで取り戻すかのようにたくさん食べ、サトシはご飯を四杯もお代わりするほどでした。レジでお金を払う際、偶然アケミがお釣りをもらうことになりました。お釣りを手渡してくれた店員さんに、アケミは小さな声で「ありがとう」と答えました。

あざやかな自然に浸る身と心――西木大十

オオカミ山もタニマツ洞も、三人一緒だった。しかし、次はこれまでのように一緒ではいけない。上は下を見て自分の優越に安心するし、下は上を真似ていればよい。無論、小さな子どもは自覚していないだろうが、そうした状況にいれば自ずとそうなってしまう。人間は状況の子である。三人はそれぞれに人格の色ができている。子ども達には一人ひとり、むき出しの経験をさせたい。他人をなぞるのではない、自身に固有の経験にこそ本当の価値がある。それが先への土台となる。

まずはアケミを一人にさせたい。怖じないで他人や物事に向かわせたい。しかし佑子は、「アケミはまだ一人では行けないわよ」と言う。それならサトシを一緒に連れていこう。

当日、これ以上はないほどの上天気であった。この天気を見て、行き先をアオノミズと決めた。以前訪れたタニマツ洞の奥にある、美しい谷である。アオノミズの沢登りを経験したら、山登りからはもう離れられない。

谷沿いの木こり道にカモシカの死骸があった。アブがたかって臭っていた。テレビや図鑑で見たところで、それは本物ではない。そこには獣が立てる物音、鳴き声、臭いもない。顎を上げて見上げるあの高さがキリンである。空気の震えを肌で感じる咆哮《ほうこう》がライオンである。自分の肉体とともにいる生き物、その生き物とともにいる自分が本物なのだ。足元から不意に飛び立つ雉《きじ》の羽音に驚き、通りすぎるヤブからふと立ち込める獣の臭いに緊張させたい。動物園でさえ本物ではないのだ。

山腹の木こり道を登っていく。アケミが「まだ？　あとどのくらい？」とぐずりだした。「知らない。わかっているのは、自分の足で歩かなければ、決して行けないことだけだ」。エネルギーも使わずに手に入るものなど、大したものではないんだよ。価値あるものを手にするには、エネルギーが要るのだ。

谷へ下りて遡行を開始した。水音が大きく響く小滝があった。サトシを抱えて頭から落ちてくる水を浴びさせた。「重い！」。悲鳴のような歓声を上げた。小さな水流でも、その落下の力はすごい。お菓子を食べながらテレビに映る滝を見て、「きれいね」と言っているのとはわけが違うのである。アケミは「愉快だ、愉快だ」と言いながら、水の中を一人泳ぎ、進んでいった。出発してから二時間は登っただろう。あの淵を渡って小滝を登ったら、アオノミズだ。

大岩を越えた途端、視野いっぱいに広がるのは、どこまでも透明で青緑に染まる大きな滝つぼだ。道もない谷奥の木立の中、ひそかに静まる幽玄の水。初めて目にした者は、誰しも息を呑むことだろう。

子ども達は美しいこの滝で存分に遊び回った。やがて三時をとうに回ったので、帰ることにした。谷川から木こり道に入るところまで戻ったが、まだ明るい。夕暮れが辺りに立ち込めるまで一時間以上も、アケミとサトシは声も立てずに遊びに遊んだ。佑子は水辺に立ったまま、黙って子ども達を見ていた。

【アケミの手紙】

先生へ

先生、また沢登りにつれていってください。今度は、タニマツ洞の中をいきたいです。七月十二日にいきたいと思います。もし、晴れていてのぼっていると中に雨が降ってきても、やめません。でも朝から雨だったら行きたくありません。ということなのでよろしくおねがいします。

アケミより

第五話

ヨドミヶ岳

◆一九九八年　盛夏◆

失神するなよ　ハジメ！

なぜするの　まさかと思う忘れ物——花崎佑子

前回は行くことのできなかったハジメが山へ行くことになり、山の先生から手紙が届きました。手紙には今回訪れるヨドミヶ岳の出発場所が書いてあり、「母親が同行するかどうか、相談して決めるように」とも書いてありました。しかし、ハジメのほうから話しかけてくることはなく、またもや彼のお尻を持ち上げなければなりません。

手紙に何が書いてあったのかと尋ねると、「お母さんは行くでしょ」と、当然のように言いました。「今回は、一人で六年生の山登りをしてきてごらんよ」と言うと、思っていたより簡単に「わかった」と承知してくれました。ところが、その次がありません。数日後、「地図を取り寄せて、今度行く山の道を見てごらんと先生から言われたよ」と持ちかけ、地図は図書館で手に入ることを教えました。

　山登りの前日、十二歳の誕生日を迎えたハジメは、初めて友達と二人で市内の科学館へ出かけました。その夜、少し疲れていたようでしたが、どうにか準備は一人でできました。それでもどこか抜けているハジメのことです。もう一度、荷物の中身を確かめて、地図と手紙を読み直すように促すと、しばらくして「お母さん、地図が足りない。どうしよう」。なんと、山登りの場所は二枚の地図にまたがっていたのです。図書館は閉まっていたので、急いで書店を探して地図を購入し、荷物の見直しが終わった時はもう十一時を回っていました。

　当日、ハジメをヨドミヶ岳の登り口まで送り届けると、今日はふざける相手がいないせいか、ゆっくりではあるものの黙って身支度をし始めました。「ハジメ君、地図は取り出しやすいようにしておいてね」。先生にそう言われると、荷物をひっくり返して慌てています。地図がないのです。まさか、あれほど苦労して手に入れた地図を忘れるとは……。

　さあ出発です。果たして最後まで登りきることができるのか。心配しながらハジメを見送り、夕方、登り口にあるオチミズ神社でアケミ、サトシと三人で帰りを待ちました。

　心配していた雨が降り出した頃、ハジメ達が帰ってきました。満足そうな笑顔です。これまでとは打って変わり、着替えもさっさと済ませ、車に乗り込んできました。何も言わないけれど、動きを見ていると気持ちが伝わってきます。ホッとして「おかえり」と声をかける以外に、他の言葉は出てきませんでした。

ただ残念なことに、帰りの車中ではいつものハジメに戻り、アケミやサトシと大騒ぎです。その挙げ句、兄妹げんかまで始まり、いくら注意しても聞き入れません。一つのことをやり通し、落ち着きのある表情をしていたのに、何もかも台無しになっていくようで、悔しい気持ちと腹立たしさでいっぱいになりました。私は、子ども達が楽しみにしていた外食を中止にしました。

数日後、地図と写真を見ながらハジメの話を聞く機会を設けました。写真の角度を何度も確かめ、納得したところで話を始めます。二時間かけて話し終えると、満足したように「これは『夏休みの私（夏休みの日誌）』に貼っておかなくてはいけない」と話した後、「でも、苦労して登ったところなのに写真ではわかりにくい」と残念そうにしていました。

自ら引き出せ　己のちから――西木大十

ハジメには「時間を区切る」という観念がない。幼い頃から何でも周囲が先に整えてしまい、自分で整える機会を奪われてきたからだ。こうした不運な状況の中にいては、誰でもそうなるだろう。

そんな彼にはまず、自分の杜撰《ずさん》さによる失敗の経験をさせる。しかし、それだけではいけない。怯えるだけ、怖じるだけで終わってしまうかもしれない。失敗と同時に、目標達成の喜びを経験させなければならない。全力でやり遂げた時の満足は、この上ないものである。その充実を求めて自分で事態を整える観念が芽生えることを期待しよう。

手始めに課題を与えることにした。地図で調べるのだ。最初からテキパキとはできないだろうが、山登りが面白かった経験があるから、おいそれとは放り出さないだろう。

オチミズ神社で登る用意をした。「ハジメ、地図は取り出しやすいようにしておいてね」。それを聞いて、慌ててザックをかき回し始めた。はてさて、どうなることやら。

「先生、地図を忘れました」。なんと！　そんなことだろうよ。「山登りに不注意は禁物だ。無事に帰ってこられないこともあるからね」。まあ仕方ない。出かけるとしよう。

変哲もない林道を十五分も行かないうちにハジメはへたばった。寝不足なんだね。しばらく地べたに座って休んだ。樹林帯の登りをハジメは一休みを繰り返しつつ登った。立ち止まって休みに付き合った。声はかけなかった。

どうにか半ばにきた時、不意にハジメが目を閉じてふらつき、あたかも失神するがごとき風情を呈した。これは弱ったぞ。佑子、ここが勝負だ。中止するか？　しかし、ここで引き返したら、踏ん張る経験をしないままで終わるかもしれない。ハジメを見つめながら声もかけずに、傍に立っていた。歩き始める力を自分で引き出すことが今は肝要なのだ。やたらに言葉をかけてはならない。何分か経った。ハジメが歩き始めた。

谷へ来た。涼しくなって元気が出たのか、ハジメは水の中や岩の上を危なげなく登ってくる。蟇蛙《ひきがえる》を捕まえて手渡そうとしたら、本気になって「イヤッ！」と叫んだのには驚いた。険しい谷を登る行為の大変さを実感してくれれば、蜘蛛や蛙、虫に大騒ぎすることもなくなるだろう。

ゴルジュ帯にきた。数メートルの小滝が三本続いて行く手を塞いでいる。両側は岩崖で、高巻きはできない。腰ロープのカラビナにザイルを通して、上から確保して滝の水を登らせた。華奢なわりにバランスがよい。

「なかなかしっかり登るね」。そう言うと、ハジメは微笑んだ。満更でもないのだ。上手なこと、良いことは、きちんと褒めなければならない。何が良かったか、悪かったかを、子どもは自分ではっきりとはわからないものである。他人から指摘されて、良いことは再現しようと励み、悪いことは矯正しようと努めることができる。草つきもザイルで支えた。怖がらず騒ぎもせずに登り続けた。

ついに谷水が消えてヤブに入った。オチミズ神社を出て五時間、頂上に着いた。「よく登ったね。こんな道もない谷をここまで登った小学生は他にいない」。ハジメの笑顔が満足を物語っている。さっそく昼飯の準備だ。ハジメはマッチを上手に擦れなかったが、やっとガスに火をつけた。

下山はハジメに先導させた。オチミズ神社までは、微かな踏み跡が尾根通しについていた。地図を持たせて、磁石の方向は彼が尋ねるたびに教えた。「先生、今の方向は？」「南西だよ」「これでいいな」「そうだね」。何度も地図を見て方向を確かめながら、ハジメは満々の気合いで下っていった。途中で雨が降り始めたが濡れるのも気にしない。

神社の前の路傍で佑子達が待っていてくれた。やれやれ、無事に戻ってきたよ。

【先生の手紙】

ハジメ君

こんにちは、久しぶりですね。君のご要望どおり、山へご一緒しましょう。

エンリョウ川沿いに走る車の中からも見えるユミマ岳から尾根を西へ向かうと、ヨドミヶ岳があります。このヨドミヶ岳に登りましょう。

標高は千メートル余りで、登り口はオチミズ神社です。神社の裏手から谷を登ります。タニマツ洞やオオイワノ谷のように広くはないが、緑が濃くとても気持ちの良い谷です。岩も大きくはないので歩きやすく、泳ぐところはありません。心の中に頂上を思い浮かべながら、一歩一歩登りましょう。着いた頂上からはヒサゴ岳が見えます。

昼の食事はこちらで用意します。君は疲れた時、口に入れる甘いもの（チョコレート、クッキー、飴など）を十分に持ってきてください。空の水筒も要ります。また、長さが三十〜四十センチ、幅が数センチの赤布を用意してください。前回、君は間違えて短い布きれを持ってきましたね。山では間違いは命とりです。紙と鉛筆を、濡れないように小さなビニール袋にでも入れて持ってきてください。道々、記録しながら進むことは迷わないために大事です。

ところで、お母さんはどうしますか。次の四つのどれかでしょう。①一緒に登る。②オチミズ神社で待っていてもらう。③オチミズ神社まで送り迎えしてもらう。④市営駐車場まで送り迎えしてもらう。

お母さんのご都合もあるでしょうから、相談して決めてください。君なら一人だけの自分の力でヨドミヶ岳に登ることができると思います。

山の先生

第六話

カンザン寺

◆一九九八年　初秋◆

ナイフ遊びは楽しいな

母と二人の喜びのひととき――花崎佑子

兄や姉がいるからか、一人では遊ぶことのできなかったサトシでしたが、今年の夏休みは「転ぶと痛い。乗れなくてもいい」と言っていた補助輪なしの自転車の練習に自ら進んで取り組み、わずか三日で乗れるようになりました。今度の山登りは、そんなサトシと二人で出かけてみようと決めました。

何かと行事の多い秋だけに出発の日が決まらず、やむを得ず、小学校の運動会の前日と決めました。山登りに誘うと、サトシはすぐに乗り気の返事をしました。お昼はどうしようと言えば、今度は自分が作る番だと思ったのか、頼みもしないうちから「僕はスパゲッティしか作れない。お母さん手伝ってね」と、アオノミズの時のアケミと同じくらいに大張り切りでした。

当日の朝はあいにくの雨でした。サトシは一人で起き、天気も気にならないのか、黙々と出かける準備を始めています。

待ち合わせ場所で先生と落ち合いました。予定していた道が長雨のために閉鎖されていたので行く先を変更し、どこか適当なところがあるだろうと峠越えをして隣県へ向かうことになりました。

峠の手前側の山々は霧が立ち込めていましたが、向こう側に出ると晴れて下界が見渡せます。峠付近を歩いていると、杉の枝を払っている男性に出会いました。何だか不思議なものに腰かけて木に登っています。先生が声をかけました。聞けば、この道具は「のぼっ太郎」という座りながら木に登るためのもので、尺取り虫の要領で足につけた二つの道具を操作することで木を上へ移動できるそうです。さっそく、サトシも座らせてもらいました。

払った杉の枝が積まれている場所から白い煙が出ているのをサトシが見つけました。「湯気だ」と言いました。「そうかなぁ」と答えると、小枝で底を突っついてジィーッと中を見つめ、湯気ではなく煙だと気がついたようです。

こんなふうにサトシが一つの物を見つめている姿を、私は思い出せませんでした。いつも誰かが先に答えていたからか、知らない物を見つけて不思議に思うこともなかったのかもしれません。サトシだけを連れ出したからこそ、こんな時間が持てたのです。おんぶをしたり抱っこをしたりと、サトシは私から離れようとはしませんでした。

カンザン寺は、細い山道を一時間ほど登ったところにありました。途中、「疲れた。お姉ちゃん達は何してるのかな」と言いつつ、何度も足が止まります。ブスッとした顔のサトシを見て、世話を焼きたくなってきました。

お寺に到着し、少し先に進むと池がありました。紅葉には早いからか誰もいません。池の横を昼食場所に決めました。私に続いてサトシがリュックから材料を取り出し、火をつけて二人でお湯を沸かしているうちに、サトシは「これをして、あれをして」と私に指図してきます。やる気いっぱいのサトシに、私は黙って言われるままにしていました。

昼食を終えると、サトシは先生からナイフを借りて木に向かって投げています。マッチも何度も繰り返して擦っています。やっと私から離れることができたようなので、一人でやりたいようにやらせることにして、少し離れた場所から眺めていました。どうやら、石投げやマッチ遊びもしているようです。

帰りは来た時とは違う道を選びました。疲れたのか、なんとなくサトシの足が重いと気づいた私は、先生と離れて二人きりで蛙を捕まえ、記念撮影をしました。何をするにも私と一緒です。重かった足はすぐに軽くなりました。

途中でフィルムが残り一枚だと気づくと、サトシから「最後は先生と三人で撮るためにとっておいて。僕が撮るから」との申し出があり、山道から舗装道路に切り替わるところで

「ここで撮る」と言いました。サトシは降り出した雨も気にせず、私達を並ばせ、カメラの位置を決めて自動シャッターをセットしました。うまく撮れていることを祈るばかりです。

山を下り、夕食後にケーキまで食べて「お兄ちゃん、お姉ちゃんには内緒」という二人きりの約束ができました。家に帰ってからも私とお風呂に入り、眠るまで一緒でした。丸ごと一日、私を独り占めしたのは、サトシにとって本当に初めてのことでした。明日の運動会はきっと張り切って出かけることでしょう。

運動会の徒競走で、サトシは二位でゴールしました。一位はタッちゃん。後から先生に聞いたところ、サトシは日頃、何をしてもタッちゃんには勝てなかったそうです。

一カ月後の遠足で訪れた公園で、サトシのクラスのみんなが雲梯《うんてい》に挑戦したそうです。「お母さん、僕ね、あの長い雲梯を最後まで渡れたよ！」「最後まで？」「先生と僕だけだった。先生が『サトシ君、すごいね』って言ってくれた。タッちゃんもやったけど、途中で落ちちゃった」と、帰宅したばかりの私に嬉しそうな顔で報告してくれました。

タッちゃんに勝てたことと、鉄棒の大車輪もできる憧れの担任から褒められたことが、サトシにとっては大きな喜びだったようです。

自由気ままにナイフと火遊び――西木大十

初秋の早朝、サトシと佑子が集合場所にやってきた。天気はぐずついている。まだ一人で存分に遊ぶことを知らない子どもを山へ連れ出すには、適していない天候である。濡れたり滑ったりが多かろう。腹の底まで一人で遊ぶことよりも、エネルギーの消耗のほうが先にきそうだ。それではまずい。

県境の峠まで駆け上がった。植林の山仕事場に出た。下枝を払って木を燃やしている。頼んで木登り機を使わせてもらった。サトシは燻《くすぶ》る生枝をいじり回していたが、結局、炎は燃え上がらなかった。佑子は黙って見ていた。待つことができるようになったんだね。「お母さん、こんなだよ」と呼ばれ、「どれどれ?」と言って一緒にのぞき込んでいる。こんな火遊びは初めてだったろう。安全な火遊びをして、火を安全に扱えるようにならなければいけない。「あれも危ない。これも怪我をするから」などと禁止ばかりしていては、不満と無能が残るだけである。

雲が切れて晴れ間がのぞいている峠の向こう側へ下りた。どこかに昼食場所を見つけたい。行き当たりばったりの山寺を見つけて、ひと登りすることにした。寺の駐車場は広かった。

「サトシ、君は学校で何が好き?」「体育」「そうか。走るのは一番?」「一番じゃない。タッちゃんにどうしても勝てない」「じゃ、勉強では?」「負ける。何でもタッちゃんには敵わない」「そうかな? 一度、ここで走ってごらんよ」。

スタートとゴールを決め、二十メートルばかりをヨーイドンで走った。サトシは懸命に走って、ニコッと笑んでゴールした。「なかなかいい走り方だね。最後まで思いっきり走るんだよ。負けるかもしれない。でも、自分の力を抜いちゃだめだよ」。サトシは黙って聞いていた。「次の学期は、何でもいいからタッちゃんを抜いてごらん。走ることでも算数でも、何でもいいさ。できるかな?」「うん……」「できるよ。何でタッちゃんを負かそうか?」。サトシは考えていた。

最近は運動会のかけっこで勝ち負けを競わせないことが流行っているらしい。足の速い子、遅い子同士で走らせる、順位をつけない。「遅いグループ」というレッテルを貼っては、頑張って食らいつく気持ちを奪ってしまう。

本気でやって負けたらかわいそう? ならば、手抜きのいい加減なら負けてもいいとでも? まさか。必死に走って負けたら、「負けた」でいいのだ。自分が遅かった。きっぱりとそのことを認めよう。悔しければ「今度こそ」という気持ちになるだろう。そうして、努力するということを知るようになる。努力した者ならば、相手の努力に敬意を払える。そして、その先の先で、生きとし生けるものへの共感が心の底に生まれてくる。

細い山道を五十分ほど登るとカンザン寺に着いた。さらに少し進むと池のほとりに出た。サトシに大きなナイフを貸した。ソーセージを切るのにも使った。「学校の先生は、ナイフはだめって言うよ」「へえ、どうして？　ナイフや包丁がないと困ることいっぱいだよ。ソーセージを手で切るの？」。マッチも一箱が空になるほど擦って遊んだ。

佑子と二人でその場所から離れて、池の反対側からサトシを見ていた。ナイフ遊びはご機嫌である。木を削ったり、幹に向かって投げたり、遊びたいことは色々あるものだ。切れ味にしたがって危険も自分で見知ることになる。

ひとしきり夢中で遊んだ後、母親がいないことにふと気づいたようだ。顔を強張《こわば》らせて物も言わずに、足早にこちらへ歩いてきた。まだまだ母親を満喫していないね。小学二年生の男の子がおんぶしてほしいのだ。当分は二人だけの時間が要るだろう。

カメラのフィルムが残り一枚になったようだ。「最後だから、ここで撮ろうよ」「待って。最後の一枚はぼくが撮る」。佑子、これは大事なことだ。サトシは末っ子だから、いつも上に引きずられてきただろう。自分で差配することは遊びの中でもなかったはずだ。ここは彼に仕切らせよう。目先のことだけではなく、広く物事を考えるには、自分で計画し、実践し、失敗し、成功する経験が必要だ。今日はそのはしりだ。

町へ下りてからも、もっと夜遊びしていたいというサトシに加勢した。夕食後、喫茶店でケーキも食べた。「お兄ちゃんとお姉ちゃんには内緒かい？」「内緒にしてなきゃだめよ」。

佑子が言う。内緒にしていられるだろうか？　秘密を守りきる力があるだろうか？

今日のサトシのご機嫌はとどまるところがなかった。

第七話

ミツマドケ岳

◆一九九八年　仲秋◆

イモリは何匹？　あと何分？

ついに食べた　分数サラダに分数煮物――花崎佑子

アケミは算数が嫌いです。算数のテストがある日は、朝の準備にも時間がかかりました。五年生の二学期には、分数の意味がわからないまま計算方法だけを丸暗記し、その日その場ではできていたつもりでも、とうとう限界が来ました。「こんなものわからない」「算数なんて嫌い」。そんなアケミを見て、私はどうしたものかと思い、山の先生に相談しました。「日常にあるものを使って分数を表してはどうだろう。大根やニンジンを使って料理をする時、食事をする時、おやつを分ける時。分数を使うことは色々ある」と言われ、教科書だけが算数ではないと気がつきました。

「アケミ。この紙を二つに折ってみようか」「どうぞ」「半分は二つに折ったうちの一つなの」「ハイハイ」。私に背中を向けたままです。「今度は四つに折ったうちの一つになった。これがね、分数で表せるんだ」。私は一人で喋り続けます。「わかってる」と、やっとこっちを向いてくれました。

折り紙を続け、「四分の一を二つ集めると、なぜか二分の一と同じになるね」「それって、約分とかをするんだよ。先生が言ってたよ」「そぅ？」。こんな調子で暇を見つけてはアケミの傍へ近寄りました。

とにかく分数に慣れさせようとする私に、アケミはイライラしているようでした。リンゴを剝《む》くと、「お母さん、いくつ食べていい？」「子どもは三人だから三分の一ね」。そう答えると機嫌を悪くしたのか、食べずに席を立っていきました。

それではと、四人が揃ったところで「右足を出して！」「足は全部で何本？」「八本」「今出ている足は？」「四本」「これは分数で表すと？」。ハジメが「八分の四」。「今度は右手を出して！」と続けていくと、アケミも乗り出してきました。

それが功を奏したのか、翌日の夕食にはコロッケをアケミが数えて「五人で食べるから、五分の一ずつ。十個あるから一人二個までだよ」と、皆に分けてくれました。普段、朝食に果物を出すことは少ないのですが、しばらくの間、リンゴやオレンジが毎日のように食卓に上りました。

今度は分数の大きさ比べです。アケミを台所に誘い出し、「大根とキュウリとニンジンを二分の一にして」。大きく二つに割れたところで「どれがいちばん大きい？」「大根に決まってる」「でも分数では同じだね」。アケミは黙っています。「分数は割合を表しているの」「フ～ン」。今度は大根と同じ割合にニンジンを切るように言うと、面白がって切り始めました。大根やキュウリ、ニンジンはどんどん小さくなっていきます。小さい野菜を使って、足し算引き算もしてみました。「お母さん、わかったよ。大根がもったいないよ。キュウリはどうするの？」「いいの。今日は分数大根の煮物にしよう。キュウリは分数サラダに入れようよ」「エエッ？」。そう声を上げながら、アケミは満更でもなさそうでした。

分数を怖がらなくなったアケミは、スーパーの買い物では割引値段の計算もしました。掛け算はどうして分母と分母をかけて、割り算はひっくり返るのかと平気な顔をして聞いてきたアケミも、その頃になると少し説明するだけで「あっ、そうか」とすんなりと算数の世界に入っていくようになりました。アケミの勉強中、傍にいるようにしていると、私に尋ねることなく宿題を進められるようになりました。

今回は、そんなふうに算数と関わり始めたアケミを誘っての山登りです。アケミはさっそく、文字に加えて山の絵まで描いた手紙を先生宛に書きました。先生からは「ハチブヶ池を越えて、ミツマドヶ岳へ行こう」との返事が届きました。

アケミは当日の昼食について私に相談しながら、「シチュー」と自分で決めて材料を書き出し、手助けを求めることもしません。前日の天気予報で「明日は快晴」と知ったアケミは、興奮してなかなか寝つけない様子でした。

この夏は大きな台風が続き、長雨によって山道も崩れたようで、登り口近くの川を渡る橋が壊れていました。この先にもまだ面白そうなことがありそうです。ところが登り始めると、きれいな山道が坦々と続くばかり。次第に面白くなくなったのか、アケミの足の運びは重くなり、「まだぁ？」と言い始めました。私は「始まった」と思いながらも、知らん顔をして登り続けました。アケミは上目遣いで私の様子を窺っています。

先頭を歩いていた先生が後方に回り、私に先を行くように促しました。一人で歩く山道に気分も変わり、一本の大木に気を取られていると、追いついてきたアケミは少し和んだ顔をしていました。いったい、先生とどんな話をしていたのでしょう。少し落ち着いたようなアケミの表情を見て、私には真似のできない魔法を先生は使っているのかと思いました。

ただ、中継地のハチブヶ池に着いても、アケミの気持ちは晴れないようです。特徴のない山道を歩き続け、これでは満足できないと言わんばかりで、自分から先に進むとは言い出しません。先生に「ミツマドヶ岳を目指そう」と言われ、やっと動き始めました。道中、ふてくされた顔に付き合わされてきた私は、ウンザリし始めていました。

ところが、背を超える笹ヤブに差し掛かると、アケミは俄然、活き活きとした顔で先頭を歩き始めました。途中の岩場では、この日初めて見る緊張した表情もしています。頂上では三六〇度の絶景に感激し、ずっと遠くの山間に何かが遠く光っているのを見つけた時は、驚きの表情で眺めていました。

山を下りる時間になると、アケミはヤブの道が気に入ったのか、どんどん先に進んでいきます。私はアケミを見失わないようについていくのがやっとでした。

ハチブヶ池に戻ると、先生が池の中にいたイモリを捕まえました。お腹を見せてもらうと、その鮮やかな赤色にただ驚くばかり。「あそこは神様のいる池でしょう。勝手に触った先生は大丈夫かな?」。アケミがそっと耳打ちしてきました。「大丈夫。イモリを見させてもらっただけよ」。もしかすると、私が知らない間に「罰があたる」などと言っていたのかもしれません。

帰り道はアケミがずんずんと先頭で進んでいきます。先生が私に話しかけてきました。

「あの子は自分のことをアケミちゃんと言うね」。小学校に入る時、「自分のことは『私』と言うのよ」と教えたので一時は直っていましたが、不登校以来、家でも学校でも平気で名前呼びをするようになっていたことに気がつきました。

「自分を三人称で呼ぶことは、自分がまだ自分になりきっていない証拠だからね」。先生にそう言われ、ドングリ教室を出る時、「あれは違うアケミちゃん」と言ったことを思い出しました。今も自分ではないアケミちゃんがいるのかしら。山のアケミと家のアケミが違っていてはいけない。満足気な山のアケミを見て、私は不安になりました。

後日、先生から「ミツマドヶ岳に登った日」という算数問題を頂きました。Ａ４サイズで三枚にわたる長い物語の中、登った時を思い出しながら問題を解いていきます。冬休みに取り組むように言って手渡すと、迷惑そうに受け取りながらも、私のいない時間を見計らって一人で取り組み、「わかるところだけやった」と言って見せにきました。わからない問題、間違えている問題について話し始めると、苦い顔をしながらも机に向かっていました。

一問だけ、三日かけても間違っていました。もう我慢できないくらいにイヤだという顔をしていたアケミも、私が傍にいて見守っていると「どうして、どうして？」と言いながら考えています。そして突然、「もう言わなくていい。わかった！」と言った時は、山を下りてきた時のような満足した顔になっていました。

「ミツマドヶ岳に登った日」を解いて自信をつけたアケミは、算数の授業の前日にも騒がなくなり、テストでも八十点から九十点の間を行ったり来たりするまでになりました。

この頃のアケミは、全てを私に頼ることはなくなりました。「自分で考えてみたけど、どうしてもわからない。この文の意味はどういうこと？」「この問題は、何を求めればいいのかな。最後の言葉は？」「あっ！　わかった。もういい。話さないで！」などと、途中で私の説明を遮り、自分の部屋へ戻っていきます。気にして部屋をのぞくと、「今考えているから話しかけないで！」と、部屋から追い出されてしまいました。

そんなアケミも、テストでは九十三点、九十八点と、あと一歩のところで百点が取れません。「ここだけなの。惜しいでしょ」。テストを見せてもらうと、落ち着いて考えればできるはずというミスばかりです。「皆もできなかったの」と言い訳するたびに、「皆は皆。アケミはアケミ。百点のテストで百点を取らなくては意味がないよ」と声をかけました。

何度も続く九十点台に、担任から「惜しい！」と書かれるようになりました。私もテスト結果を見るたびに「惜しい！」と声が出ました。そしてとうとう、大きな赤い字で「Very good!」と書かれた答案を見せてくれました。満点でした。

努力とも思わぬ努力　山の算数――西木大十

ハジメは一人でも山に来た。サトシは来られなかったが、二年生ではやむを得ないかもしれない。だが、アケミは五年生である。一人でも来られそうなものだが、まだ母親の付き添いが必要だった。母親とふれ合う楽しく嬉しい経験がアケミにもまだ要るのだ。

長雨の中だったが、ハチブヶ池までは思いのほか整備された山道が続いた。オオカミ山やアオノミズに登ったアケミには退屈だったようだが、すぐに仏頂面をして「まだぁ？」と言うようでは堪《こら》え性がない。「相手にするなよ」。佑子を先に行かせた。佑子もこの頃、ためらうことなく子どもにこういうことができるようになった。

アケミの後ろからついて歩いた。「アケミ、標識に『何分のいくつ』とか書いてあるね。今の位置がわかるだろう」。嫌々ながらの算数で終わらせないために、面白いことをしている最中に計算が苦痛でなくなるように仕向けたかった。

ハチブヶ池に着くと「ここで帰りたい」とアケミが言い出した。すぐに飽きて、目先の興味に飛びつくだけで終わらせるわけにはいかない。膝の上に座らせた。

「この池は昔、若い娘が身投げして雨乞いをしたんだ。死んだ娘は白雪姫になって、今も池の水を守っている」。アケミは黙って聞いていた。逐一わからなくてもいい。心の中に何がしかのインパクトがあれば、長じてその思いが意味をもって巡ってくる。それがどんな時になるか、今は知る由もない。それでよいのである。

「ここでやめるなんて、先生はイヤだね。お母さんはどうする？」「行くわよ」。アケミもさして不満を言うことなく、再び登り始めた。次第に道がはっきりしなくなってきた。子どもの背丈が没する笹ヤブもあれば、ちょっとした岩場もあった。どうやらアケミも気合いが入ってきたようだ。

一等三角点のある山頂は、三六〇度の展望である。ハジメと登ったヨドミヶ岳も遥かなスカイラインとなっていた。「あれがそうなの？」。佑子の思いはひとしおのようだ。頂上のパノラマにも満足して、アケミが昼食のシチューを作ってくれた。

さあ、戻ろう。秋の午後の柔らかな日差しがハチブヶ池の水面を照らしていた。山道を下った先で振り返ると、山の端にミツマドヶ岳から続く稜線が見えた。「アケミ、あの上に池があるなんて信じられないくらいだね。夜になれば、君が歩いていた水のほとりをキツネやタヌキが歩くんだ」。

佑子、アケミに苦手意識のある算数をさせよう。自分だけが登ったミツマドヶ岳を題材にしよう。今回の山登りに対する思い入れがあれば、アケミを算数に引きずり込むことができるだろう。問題は最後までくじけずにやり通そう。時間はどれだけかかっても構わない。やり果たせた自信はとても大切だ。

【アケミの手紙】

先生へ

山でどんなところがいいか、考えて決めました。やっぱり秋なので、紅葉がたっぷり見られるところがいいです。

それから、雨の日は行きたくありません。晴れた日、またはくもりの日、とにかく雨が行く前から降っていたら、やめたいと思います。でも小降りだったら、いいです。なぜかというと、雨だと紅葉がたっぷり見えないからです。紅葉をバックに、大事な写真をとりたいからでもあります。これで山のリクエスト、天気のリクエストを終わります。

山のぼりの時の昼ご飯のことで、こっちが考えました。先生のほうでなべとフライパンを用意してほしいのです。材料はこっちで用意します。なので、これだけは持ってきてほしいと思うので、持ってきてください。おねがいします。

山のぼりよろしくおねがいします！

アケミより

【算数問題「ミツマドヶ岳に登った日」】

ミツマドヶ岳に登ろう。ハチブヶ池まで広い登山道をゆっくり二時間も歩いてくると、静かな池の水面に紅葉したブナが影を落としているのを見ることができる。

ハチマン太夫の娘が雨乞いのために、この池に身投げした。人々のためとはいえ、いけにえとして死ななければならなかった娘は、どんな気持ちだっただろう。その頃は、日照りで稲が枯れ上がってしまうと、今日のように用水が縦横に引かれてなかったから、人々は天に雨乞いするより仕方がなかったのである。宮沢賢治の詩にも「日照りの時は涙を流し……」とある。娘は、今は白雪姫となってハチブヶ池の水守をしている。

池にはイモリが棲んでいる。指くらいのイモリだから、何千、何万匹も棲むことができる。いったい何匹くらいいるのだろう。広い池の一メートル四方（一辺が一メートルの真四角）に一匹いるとしよう。でも、池の広さは測ってみないとわからない。

この際、池をおおよそ一辺百メートルの四角形と考えておこう。すると、池には一メートル四方の真四角が□×□＝□個あることになる。だからイモリは、□×□＝□匹いる。

そんなにいるだろうか？　もし誰かがいたずらをして、イモリを一匹家へ持って帰ったら、□匹のうちの一匹がいなくなったのだから、池のイモリは□分の一だけ減ってしまう。残りは□−□匹、つまり□分の□が残ってはいるけれど、そういう無下なことをしてはいけない。イモリも立派な生き物だ。上から見ているだけではわからないが、手ですくってみると、腹は驚くほどに鮮やかなくれない色である。イモリにも淋しかったり、悔しかったりする感情があるのだろうか。

ハチブヶ池で一休みしたから、いよいよミツマドヶ岳への登りにかかろう。もう十時半になった。ミツマドヶ岳は海抜千二百九十メートルである。ハチブヶ池の海抜は九百九十メートルだから、あと□−□=□メートルを登ればいい。

登る高さはそれほどでもないが、ここからは道は細々として、ところによっては笹で隠れている。たいてい、笹は子どもの身の丈くらいだが、小さい子だとすっぽり笹に包まれる。大きい笹になると三・三メートルにもなり、大人でも先が見えない。一・一メートルの子どもの何倍も高い。

何倍高いかと言えば、笹の高さは子どもの何個分かを知ればよいから、「笹の高さ÷子どもの高さ=倍」で、笹は□÷□=□倍、つまり子どもの高さを□倍すると笹の高さになる。計算するとよくわかる。子どもの高さ×□=笹の高さになる。

その逆を言えば、子どもの高さは、笹の高さ÷□倍=□÷□=□、つまり笹の□分の一である。子どもの高さは笹の高さを□つに分けた□つ分しかない。

笹を抜けるとちょっとした岩場もあるが、日頃、道のない山を登っている者にとっては難しくはない。この岩場はちょうど、池から頂上までの高さの二分の一のところにある。この岩場は海抜何メートルだろうか。池の海抜＋池から岩場までの高さ＝□でわかる。

池からミツマドヶ岳までの二分の一ということは、池からミツマドヶ岳の頂上まで登る高さは□メートルだったから、□×二分の一＝□メートル。だから、岩場の海抜は□＋□＝□メートルである。

今、岩場で十一時十五分になった。この調子でいけば、頂上には何時に着くか予想しておこう。昼ご飯を食べて日暮れまでに下山しないといけない。もし間に合いそうでないなら、もっと急ぐか、ここで諦めて引き返さなければならない。

池からここまでは□－□＝□分、かかった。頂上まではその何倍かかるだろうか。池から頂上までの高さ□メートルは、池から岩場までの高さ□メートルの□÷□＝□倍である。高さで□倍ということは、時間でも□倍はかかるだろう。だから、池から岩場までの時間□分の□倍、つまり、池からは頂上まで□×二＝□分、かかることになる。すると、池を十時半に出たから、頂上へは□時に着く。

頂上ではさっそく食事の用意をしよう。今日はシチューである。ニンジンもジャガイモも今から切って煮込むから、多少時間がかかる。煮える間、景色を見よう。

東の果てには、ハジメが登ったヨドミヶ岳が見えている。何千年もの間、生き物はこの山野に暮らしてきた。鹿にも熊にも猿にも人にも、同じ風が吹き、同じ雨雪が降ったのである。獣や人が通るところは道になった。やがて、人が集《つど》って植物の栽培を始めると、その荒れ地はいつのまにか人のものになり、獣は其処《そこ》から追われてしまった。いまや、獣にとってはここが荒れ地となった。人が棲み、獣が棲めない荒れ地が広がったのである。

日没は十七時半である。秋は日暮れが早い。日没までにはふもとに着かねばならない。無事に戻りたい。まだ頂上で遊んでいてもいいだろうか。下山にどれくらい時間がかかるだろうか。登りよりはちょっと少なくてすむだろう。かかる時間を登りの「五分の四」とみておこう。帰りも池で少し休みたいから、その時間を三十分とっておくことを忘れないで予測しよう。

下りに歩く時間は、池から頂上までの登りの時間の五分の四＋ふもとから池までの登りの時間の五分の四、である。五分の四とは、五つに分けたものの四つ分だから計算してしまおう。

頂上から池までは、池から頂上までの登りの時間÷□×□を計算すればわかってしまう。同じように池からふもとまでは、ふもとから池までの登りの時間÷□×□分かかる。だから、頂上からふもとまで歩いている時間＋池の休憩三十分＝□分が、ふもとまでかかる時間だ。日没の十七時三十分－□＝□時□分に頂上を出なければならない。まだもうちょっと時間がある。そろそろ後片付けを始めるとしよう。

夕日を浴びて輝く池の日だまりに、イモリがかたまっている。もう誰も人はいない。とても静かである。池の端から角を曲がると、水面が木立に隠れて見えなくなった。何度も折れ曲がりながら道を下ってから振り返ると、ミツマドヶ岳が空高くに見えた。山稜を右手にたどった山の端辺りに池があるのだろう。その辺りも目より高くなった。

もう日は陰り始めた。しばらくすると夜がくる。すると、タヌキやイノシシが月明かりの池のほとりを歩くだろう。人は電灯のもとへと山を下っていく。

第八話

テンツキ山

◆一九九八年　師走◆

必死のサトシが藪登る

わずかでも　はっきり見えた子の変化——花崎佑子

二学期の終わり頃、学校で個人懇談がありました。山へ出かけて今までにない経験をした子ども達が、学校ではどんなふうに変わったのだろう。私は楽しみにしながら出かけました。

二年生のサトシの担任は、三十代前半の男性教師です。誰かの後でないと物事に取りかかれないサトシが、初めて自分から進んで補助輪なしの自転車の練習をしたことを話すと、担任は遠足でサトシが雲梯を最後まで渡りきったことを話してくれました。

五年生のアケミの担任は、二十代前半の男性教師です。汗を拭きながらしばらく考えて、「以前はお客さんのようだったが、最近ではクラスの一員になった気がする」と教えてくれました。「手を挙げて発表していますか？」「そういえば、手を挙げてはいない。指名した時だけです」。「そうですか……。手を挙げるようになれば、自分をアケミちゃんとは言わないかもしれない」「ああ、学校でもアケミちゃんと言っています。これからは手を挙げられるように声をかけます」。担任のほうから身を乗り出して話してくれました。

最後は六年生のハジメです。これまでの五年間の懇談内容は、忘れ物と授業を聞かないことに終始していました。担任は五十代の女性教師で、自分はベテランだと自負するような言葉が耳につきました。

「忘れ物は減りましたか？」と尋ねると、「減ったのではないかしら」という返事。「具体的には？」と尋ねれば、「私が苦にならないくらい」と返ってきました。それなのに、「とにかく忘れ物は多い」と言われ、「どうすればいいのでしょう？」と聞けば、「これ以上、私にどうしろと言うんですか？」と、話は前に進みません。

そして、教室に貼られた絵を指差し、「まだ完成していないとハジメ君は言いましたが、期限があるので、良い絵だからこれでいいと伝えて提出させました」と言いました。「最後までやらせたい。それから、物事には期限があることを教えたい」と言うと、担任は不満そうな顔をしました。

気を取り直して授業態度について尋ねると、「子ども達には勉強しなくては良い点が取れないと言いたいのに、勉強もしていないハジメ君が良い点を取るのでやりにくい」と、今度は苦情を言われる始末です。これでは何を話しにきたのかわからない。私は適当に話を打ち切って教室を出ました。

それぞれ、学校での様子はそれほど変わってはいないのかもしれません。それでも、一人で遊んでいたサトシは、テレビゲームをやろうと友達の家に出かけていくようになりました。アケミは、私に助けられながらも友達に電話をかけ、遊びに出かけるようになりました。ハジメは、自転車に乗って学区の最南端や最北端の探検に出かけていきます。気づかないうちに、子ども達のいないわが家の日曜日が増えてきました。

早春から秋にかけては、三人それぞれの山登りを先生にお願いしてきました。師走になり、先生から「山で忘年会をしよう」とのお誘いがありました。子ども達は山へ出かけられると知って大喜びです。前日の準備は誰も遅れることなく終わりました。

そんな子ども達を見ていた私のほうが浮かれていましたが、調子に乗っているハジメの荷物がふと心配になり、確かめてみると毛糸の帽子が入っていません。まだまだ油断は禁物と気を引き締め直しました。

今回のテンツキ山でも、いつものように先生から腰ロープを渡されました。ところが、三人とも結び方を忘れています。ハジメとサトシは先生に尋ねました。私は何度となくアケミを促しましたが、私から離れません。結局、待ちくたびれた三人は先に行ってしまい、焦る私といじけたアケミが取り残されました。

登り口のところで、サトシが体をくねらせてリュックに引っかかった服を脱ごうとしています。一人でできるかなと遠くから見ていると、近所のお年寄りが手助けしてくれました。駆け寄った私が「ありがとうございました。助かったね、サトシ」とお礼を促すと、やっとのことで頭を一つ下げました。「ちゃんとお礼が言えるといいね」「……うん」。

遠くの山を見ていたハジメと先生に追いつきました。ここで、アケミはようやくロープの結び方を先生に尋ねることができました。

赤やこげ茶の枯葉で埋め尽くされた斜面を登り始めると、枯葉の下は湿っているのか、足に力を入れるほどに滑ります。慌てて木に摑まると、その瞬間ボキッと折れてしまい、登るにも難儀します。次第にサトシと私が取り残され、ハジメやアケミの声も聞こえなくなりました。疲れたと言っては休み休み登っていたサトシも、あまりの山の静けさに何も言わなくなり、真剣な顔になってきました。それを見る私も、緊張した顔がいつ泣き顔に変わるかと気が気ではありません。

上のほうから「どこへ向かっているんだ？」という先生の声が聞こえると、サトシは一瞬にして安堵の顔になりました。サトシは、取り残されて道に迷ったと思っていたそうです。いつまでもやってこない私達を三十分も待ったという先生は、ハジメとアケミを先に行かせたと話しました。

「えっ、子どもだけで！」。私は気が気でなくなり、先生にサトシを任せて、先に行った二人を追いかけました。大丈夫と自分に言い聞かせながらも足を止めることができません。「子どもを二人見かけませんでしたか?」。下山中の人に尋ねると、「二人とも元気に上がっていったよ。もう頂上かもしれないね」と言われました。頂上に着くと、ハジメとアケミは私の顔を見るなり、「お腹が減った」。少し遅れて、ピッケルを先生に借りたサトシがご機嫌な顔で登ってきました。

しばらく三六〇度の景色を楽しむと、それに飽きたのか、アケミはサトシの手にあるピッケルを横目で窺うようになりました。ハジメはシートに寝転がり、冬の空を眺めています。「教室で見た絵は素敵だったね」。ハジメに語りかけると、「あれは鳥に影をつけなくては完成じゃない」と、上を向いたまま答えました。「完成した絵が見たいな。先生に頼んで完成させようよ」「わかった!」。

下山は子ども達だけで先頭を組み、大張り切りで進んでいきます。途中の待ち合わせ場所は、登りで先生が私達を待っていた所と決めました。私には見当もつきませんが、「わかった」と答えたアケミに力強さを感じて、嬉しく思いました。

サトシはピッケルを片手に泥の山道を滑っていきます。アケミもピッケルのことを忘れたかのように進んでいきます。ハジメも負けてはいません。子ども達の勢いに私が追いつくはずもありません。待ち合わせ場所から登り口までは、登ってきたのとは違う道をトンネルしたり、背を超えるヤブに突入したりと大騒ぎ。冬は日の入りが早く、次第に日が暮れてきましたが、子ども達は気にも留めません。遥か下に見える民家の灯りを頼りに、この子達は落ち着いて闇の中を下りていけるだろうかと心配になりました。

駐車場所までたどり着くと、周囲はもう真っ暗です。早々に着替えを済ませて、皆で記念写真を撮っていると、登り口でサトシに手を貸してくれたお年寄りが夜の神社から現れて、「よく登ってきたね」と声をかけてくれました。そして、自作のカレンダーを是非にと持たせてくれました。手渡されたサトシも、今度はすぐにお礼を言うことができました。

帰りの焼肉屋で子ども達は騒ぐこともなく、生まれて初めての馬刺しを食べ、アケミは子ども分のお肉の追加を当然のように注文しました。わずかですが、子ども達の成長が見えた忘年会となりました。

サトシの担任は雪のないテンツキ山に登ったことがあると言ったそうです。「先生は枯葉の山があんなに滑るとは知らないね」と、サトシは嬉しそうに言いました。先に登っていたハジメとアケミは、先生に尾根伝いに行けと教えられたのに、探検だと言ってわざわざ足元の滑るところを選んだと言います。私のほうは心も体もどっと疲れましたが、テンツキ山の忘年会は子ども達にとって嬉しい冒険談になりました。

母親の本質を知った母親の心――西木大十

子ども達は少しずつ変わってきた。だが、なんと言ってもいちばん変わったのが母親である。山登りを始める以前は、末子の靴ひもを結んでやり、「忙しくて子どもと話す時間がない」と言い訳し、学校の個人懇談を内心怖れていた。子ども達を心配していても、何をどうすればいいのかも判然としないまま過ごしていたが、今は問題の本質が具体的に見えてきた。したがって、目指す方向を見定めて方策を考えることができる。まずは子ども達を正しく理解しなければ、成長を促す状況を現実に作り上げることはできない。学校や塾任せにして文句を言っているばかりでは、一向に事は先へ進まないのだ。

そもそも、女と男は区別されるべき別種の生物である。生殖に関わる器官と機能は、遺伝子によって決定的に異なっている。生き物としての類が違えば育児の文化も違う。「区別」と「差別」の違いを理解しなければならない。父と母の育児は交換できない。母には母にしかできない、父には父にしかできない育児がある。それぞれが、わが子に、わが社会に関わるのである。自分は自分であるという成熟した自意識がなければ、浅はかに他者の物真似になる。

「知識が豊かになればなるほど、人間のたどるべき道は狭くなり、やがて何ひとつ選べるものはなくなって、ただ、しなければならないことだけをするようになるものだ」（『ゲド戦記』アーシュラ・K・ル＝グウィン著、清水真砂子訳、岩波書店）

　橋を渡った神社の前で、子ども達に腰に巻くロープ、シュリンゲ、カラビナを手渡した。子ども達は結び方を忘れてしまったようだ。三人のうち、アケミだけが腰ロープの結び方を聞いてこない。放っておこう。ハジメとサトシを促して先を急いだ。

　人家を抜けると、遠く後ろに雪をうっすらかぶったオオカミ山が見えた。アケミと佑子がやっと追いついてきた。しばらくは細々とした山道があったが、以前登った時とは様相が変わっていて、そのうち道がなくなってしまった。この斜面を上がった先の尾根が頂上へのルートであることを確かめるために先行した。下のほうで聞こえていた四人の声も聞こえなくなった。

　尾根の平坦部で休んでいると、ハジメが一人でやってきた。「他の人は？」「下で声がしていたから、来るよ。先に行っていいですか？」「いいよ。この踏み跡を外さないで。道が分かれているところがあったら、そこで待っていてね」「頂上はどこですか？」「左手奥の遠くに見えるだろう。あれだよ。頂上近くに急な所があるから気をつけてね」。ハジメは自信ありげに歩いていった。

　アケミが来た。「一人かい？」「うん」。腕に抱えた。「アケミ、君はロープを結べずに苛立っていたね。最初は上手にできないものさ。君の着ている服だって、最初からこんなに上手には作れなかった。靴だって作れなかった。何百年もかかって、たくさんの人達が失敗したり工夫したりして、やっとこのように作れるようになったのだ。できないと、焦ったり苛立ったりする気持ちになるね。そういう時は『焦るな、落ち着け』と心の中で呟いて、ゆっくりでいいから着実にやるんだ。それが人間の知恵だね。君ならできるよ、賢いのだから」。

腕の中でアケミはじっとしていた。「先へ行きたい」「行っていいよ」。ハジメがそろそろ頂上に着く頃だ」。ハジメと同じように注意してアケミを先に向かわせた。

佑子とサトシはなかなかやってこない。笛を鳴らしても応答がない。ハジメが行ってから三十分は過ぎた。様子を見に少し下まで戻ると、しばらくしてヤブの斜面を分けて進んでくる二人が見えた。「ハジメとアケミは別々に先へ行ったよ。先に行っていいよ」。それを聞いた佑子は、サトシに声もかけず置きっぱなしにして行ってしまった。

「サトシ、疲れただろう？　一休みしよう」。他の三人より体力がないのだから遅れるのはもっともである。遅れても慌てずにやり遂げさせねばならない。それには道中の安心が必要である。さもなければ、不安な気持ちでいっぱいになり、落ち着きをなくすだろう。それでは達成の豊かな経験はできない。自分に自信を持ち得る心性は育たない。

「さて、そろそろ行こうか？　道は急だし、滑るから、君の歩幅ではやっかいだね。ピッケルを貸してあげよう」。途端に歩きやすくなったようだ。「頂上へ行けるかなぁ、と思うなよ。僕は行くのだ、と考える」。

頂上で全員が揃った。佑子とハジメは適当に昼寝をしながら話している。下の二人は勝手に遊んでいた。下山は踏み跡通りに下ることにした。それでも、下のほうではヤブや沢筋を通ることを余儀なくさせられた。

余ったフィルムで写真を撮った。柿の木の下にハジメを立たせた。「ハジメ、君は中国の賢人のようだ」。椿の前にアケミを呼んだ。「ヤマトナデシコは、にっこり笑ってね」。「さあ、アルピニストはこっちに来てくれ」。サトシはピッケルを片手に持ち、気張って写真に収まった。

第九話

シラハラ山

◆一九九九年　清明◆

心も真っ白　雪の原

地球の裏側から来た手紙――花崎佑子

子ども達を山へ連れ出してから、一年が経ちました。最初は戸惑うばかりだった私も、子ども達一人ひとりを落ち着いて見られるようになりました。毎月のように出かけていた山登りも、年明け早々から先生が南米への長期出張となったため、一時中断となりました。あの山登りの興奮が途切れてしまうのではないかと心配した私は、「先生に手紙を出しては？」と子ども達に勧めました。

ハジメは日本の裏側にある国に手紙が届くことに興味を持ったのか、切手代もお小遣いで出すと言いました。アケミは五年生で習ったローマ字がよくわからず、サトシは作文が苦手で、二人とも出さないと言いました。

張り切っていても、ハジメはやっぱりなかなか書きません。しびれを切らした私が「早く出さないと先生が日本へ帰ってくるよ」と言うと、やっと書き始めました。最初の手紙は、手紙とは言えない代物でした。地球儀を見ながら書き直した手紙もわずか数行で、私もこの程度にしか育てられなかったのかと思い知らされました。

先生からの返事が届くと、皆を集めて発表会を開き、私が手紙を読み、ハジメが世界地図を広げて説明しました。地図上にある聞きなれない名前の川をなぞり、南米の山々と富士山やキンポウ山との高さ比べに花が咲き、発表会は延々と一時間も続きました。身を乗り出して聞いていたアケミとサトシにも手紙を出すように促すと、出すと素直に答えました。

三カ月も経って桜が咲き始める頃、帰国早々の先生から、また山へ連れていこうと言われました。子ども達は「オオカミ山へ行くの？」と聞いてきますが、いつものことながら私には行き先の見当がつきません。

「雪の山と言われたよ」「やったぁ！」「とにかく食べる物と持ち物をみんなで考えておいてね」「焼きそばがいい」「いつものフライパンでは大きいよ。誰が持つの？」「リュックに入るかな？」。サトシも「僕が持っていく！」と負けてはいませんでした。

当日、スキー場を越えて目的地へ車を進めていくと、真っ白な山々が見えました。車を停めてからの身支度は誰も遅れることはありません。シラハラ山へ、いざ出発です。

歩き始めると、もう雪道でした。雪の川原に出ると子ども達は我慢できなくなり、走ったり、寝転がったりし始めました。車一台が通れそうな広い雪道を登っていきましたが、足運びの遅いアケミとサトシを気にすることなく、ハジメは一人でずんずん進んでいきます。皆と一緒が当たり前で、いつも後ろを歩いていた一年前のハジメとは違っていました。

雪道には所々に空洞があり、溶けた水が底を流れています。霜柱を見つけたハジメは、「理科で習ったよ。そうか、こんなふうになっているのか」と、顔をつけんばかりにのぞき込んでいます。他の二人は興味を示しません。この違いはどうしてできたのでしょう。同じように育ってきたように見えても、やはりそれぞれなのか。私はその違いに気がつかぬまま、いつも「子ども達」と一括りにし、一人ひとりとして捉えてはいませんでした。一年かけてやっと気づくことができたようです。

山が見えなくなったと思ったら、パッと雪原が広がり、思わず声が出ました。目の前には空の青と雪の白しかありません。急に強風が吹きつけ、寒さで顔は痛み、足が重く感じながらも、吸いこまれるように体は前へ出ていきます。後ろを振り向くと、子ども達はまだ立ち止まっています。豆粒のように見える距離ですが、私達を遮るものは何もありません。

思い返すと、こんなにも遠く離れて三人を揃って見るのは初めてでした。山登りを始めた頃に感じていた不安や心配は、もうありません。その瞬間、「あの子達は大丈夫、大丈夫」と、わけもなく思いました。やっと歩き始めたのが見えました。

先生が斜面の雪をかき始めました。「ここで昼食にしよう」。その声を聞いた途端、子ども達は動き出しました。アケミとサトシは先生の雪かきを手伝っていましたが、向こう側でハジメが滑り台を作っていることに気づくと、さっさと行ってしまいました。

　待ちに待った雪遊び。とても雪かきを手伝うように言えませんでした。先生も急な斜面に滑り台のスタート台を作ってくれましたが、上から見ると怖い感じがしましたが、頭から滑り落ちたり、後ろ向きだったりと大騒ぎで、どこもかしこも滑走コースです。あっちの斜面、こっちの斜面と転げ回って遊びました。

　最後に雪山を背景にした記念写真を撮影し、雪原を後にしました。大いに満足したのか、さすがにどの子からも「もっと！」という声は出てきません。帰り道の途中、サトシが座り込んでしまいました。ハジメとアケミはまだまだ元気いっぱいですが、サトシにはくたくたになるほどの遊びだったようです。

　サトシと先生を後にして、私達は先を進みました。しばらく歩いていると、なんと、後ろにいるはずのサトシと先生が前方に見えました。ハジメとアケミが「ショートカットしたんだ！」「私もしたかった！」と悔しそうに言い、それを聞いたサトシは嬉しそうに笑っていました。

無人の雪原　何を思うか子ども達――西木大十

シラハラ山の山登りはまだほんの序の口なのに、道草の雪登りが始まった。大人ならひとまたぎの小沢でサトシがつかえた。どうするかと見ていると、ハジメが先に渡って手を出しているようだ。そういうことにはすぐに気が向くのだが、自分自身の行いはさっぱりである。忘れ物多々、準備や用意ができないのに、小さなサトシに頼られて満足するのだ。これはハジメにとってもよくないし、サトシにとってもよくない。自分で工夫して試みる前に手助けがやってきてしまうのだから。ともかく、三人をなるだけ切り離すことが肝要だ。

道が曲がって木立が切れた。一足上がったら、そこは一面の雪の台地である。遮るものもなくゆったり起伏する、目路の限りまで白い雪の原である。初めて来た者なら誰しも歓声を上げるだろう。

先にある起伏の大きな丘まで行こう。雪滑りにもってこいの場所であり、風も遮ることができる。佑子と二人で雪原を横切るように歩いた。子ども達は、台地のとっつきで遊ぶのに十分と思ったらしくついてこない。その場所では、風で汗が冷たくなることなどまだ知ってはいない。

「佑子、振り返るなよ」。どんどん先へ歩いた。声をかけて説明したり、なだめたりしてはいけない。まだ歩けるはずだ。早く遊びたいという目先の思いの通りにさせてはいけない。

アケミがストックを投げつけたのが見えた。怒っているのだ。遠くて声は聞こえない。

「佑子、止まるなよ。あの丘まで歩けよ。あそこで休むから」。

丘に着くと、傍らの斜面に荷を置いてスコップで雪を掘り始めた。遠くで三つの点が動き出したのが見えた。「佑子、アケミが怒っていたことにふれてはいけない。何事もなかったように、当たり前に振る舞うのだ」。丘までやってきたアケミは、いつもと変わらぬ顔をしていた。佑子も普段と同じように子どもらの中にいた。

「ここに椅子と食卓を作って食事をしよう。お腹も減った」。アケミとサトシはスコップを手にとって自分用の椅子を作り始めたが、ハジメが丘の上で雪の滑り台を作っていることに気づくと、仕事を放り出して飛んでいった。それでいい。

アケミは終始、先ほどの事件にふれなかった。文句も何も言わなかった。

「佑子、これは一大進歩だよ。アケミは自分の感情を黙って一人で処理できた。前なら八つ当たりのわがままを言い出しただろう」「あの子達、この景色を大きくなっても覚えているかしら。きっと真っ白だったことくらいしか記憶してないわね」「おそらくね」「誰もいない自分達だけの、こんな美しいところで存分に遊んだなんて、とんでもない贅沢ね」「アケミは身勝手な不快な感情を昇華できた。理屈ではなくてね。それが情緒の成熟の始まりさ」。

散々遊んだ後だ。山を下るサトシの足運びが遅くなった。手袋が濡れている。どうやら冬用手袋を忘れてきたらしく、佑子はサトシの濡れた軍手を黙って横目で見ていた。「サトシ、冷たいだろう。先生は暑いくらいだから、これを貸してあげよう」。かしこまって他人に借りるがいい。他の三人からずっと遅れている。「君達は先へ行っていいよ」。前を歩く三人に声をかけて、サトシとゆっくり二人で歩いた。

見えない先から折れ曲がってきた道が、斜面の下に見えた。「サトシ、先回りしようか。ここを下りよう」。急斜面の木立の中を、雪を蹴散らして下った。道に出た。「さあ着いた。まだ誰も見えないね。まずは座ろう」。サトシは肩で息をしている。「よく頑張ったね。さすがはサトシだ」。声も出ない。「もうだめだ、と思うこともあるね。でもね、人間はそう思ってからでもまだ力を出せるものだよ。だめだと思って気持ちがくじけてはいけないよ」。

つづら折れの道には、まだ三人の姿も見えず、声も聞こえてこなかった。

【ハジメの手紙と先生の返事】

先生へ

先生は、今、南米にいるのですか？　南米のことで色々教えてください。

・この手紙が届いたのはいつですか？

・どのくらいの気温ですか？（赤道の近くだから暑いと思います）

・海はありますか？
・国きょうってどういうものですか？
・南米ってどういうところですか？
これだけ教えてください。
アメリカ大陸はどういうふうですか？　山のぼりにまたつれていってください。

ハジメ

ハジメ君
君の手紙が地球を半周して届きました。日本は寒い冬のさなかでしょうが、ここは真夏の太陽が肌に痛いほどに光を注いでいます。南極から吹く涼しい南風が雨を降らせた時は心地よいのですが、すぐにまた真っ青な夏空です。
地図でわかる通り、ここは西にアンデスの高地、東にアマゾンの低地がある南米のど真中にあって、アマゾンとパラグアイ川の源流地帯で、海抜はわずかに四百三十三メートルです。キンポウ山ぐらいのところから延々と水は、アマゾン川とパラグアイ川を流れて大西洋に注ぎます。ここの大雨は一カ月半して大西洋の河口に大水となって現れます。この悠久の広さを君は想像できますか？
陸地続きの国境も君には想像しにくいですね。国境は平野の森を流れる小川に橋が一本かかっているだけです。両側に係官がいますが、地元の人達は何事もなく行き来しています。我々外国人はパスポートを見せなければなりません。だいたい国境が作られる前から一族は皆その辺り一帯に住んでいたのですから、戦争でもしてないかぎり、その人達にとって国境はないも同じです。日本は四方を海に囲まれていますから、国境の様子はだいぶ違います。

先日、アンデスの山中を二泊三日でトレッキングしてきました。アンデスはコロンビアからまっすぐにアルゼンチンまで連なる、長大な六〜七千メートルの高さの山脈です。地図で日本と比較すると、その大きさがわかります。

ここに四百年前までインカ帝国がありました。最後の皇帝アタワルパの悲劇は、君が高校へ行けば歴史の授業で聞くはずです。インカ帝国はペルーのクスコが首都でした。そこから縦横にアンデスの山中に道が作られました。その道は今も一部が残っています。このカミノ・デル・インカ（インカの道）を登り歩きました。むろん、ごく一部です。英語を話すガイドと二人です。

まず、ボリヴィアの首都のラパスに行きました。海抜三千七百メートルにあります。富士山の海抜を本で調べてごらんなさい。ラパスから山道を車で二時間、東へ走った鉱山の跡が出発点です。もうその辺りに人家はありません。おりあしく今の季節は雨期で、歩き始めから霧雨でした。町の人々はスペイン語を話しますが、山中の村人はアイマラ語しか話しません。はきものはゴム長を買いました。服は普通の長袖シャツで、雨具にアンデスの人々が使うポンチョを借りました。

このような高山になると、草木は生えていても丈の短い草だけです。でも、インカの道はきちんと石で作られていました。風にポンチョが舞って濡れました。海抜四千七百メートルの峠の登りは、空気が薄くて時間がかかりました。どのくらい空気が少なくなるかは、君が本で調べるか中学までお待ちなさい。中学できっと学びます。十歩進むたびに止まって深呼吸を五回しました。そうしないと苦しくて前へ進めなかったのです。ヨドミヶ岳を登った君でも簡単には登れないでしょう。

峠は風が強く、ガスが濃くて何も見えません。でも、峠を越えると道は下りになって楽になりました。大きな池がガスの中にぼんやり見えました。晴れていたらきっと美しい青さだったでしょうに残念です。雨も小雨になり、辺りもよく見えるようになりました。ふと横を見ると、リャマがじっとこちらを見ています。近づくと唾を吐きかけてくると、ガイドが言っていました。リャマは図鑑で調べてください。人間ほどの背丈がありました。

インカの道はどんどん下ります。両側はひらけていますが、首が痛くなるような高さの草木のない岩山で、幾筋もの滝が百メートルもある高さから落ちています。ヨドミヶ岳やオオイワノ谷しか知らない君には、想像するのも難しいでしょう。やがて、眼の下遠くに草ぶきの屋根がかたまって見えてきました。もう雨は止みました。

歩き始めてから六時間が経ち、午後も遅くにタクェシの村に着きました。高度計を見ると三千七百メートルありました。峠から千メートル下りてきたことになります。村は広い谷の中にあり、そこだけは草の緑が鮮やかでした。

家は石を集めて壁にしていました。窓はありません。電気も水道もガスもなく、中にはベッドが置いてあるだけで、壁に生活道具が積んでありました。かまどが家の片隅に作られて、夕食のしたくの最中で火が気持ちよく燃えています。ニワトリが屋根の下にいました。

この村には、サトシ君ぐらいの女の子を頭にして四人の子どもがいます。草履をはいていました。ものめずらしいのでしょうね、知らない間に音もなく緑の芝草の上をすべるようにやってきて、こちらをじっと見つめているのです。話しかけると、といってもアイマラ語と英語では通じ合えませんが、はにかんだように微笑みました。村がどんな位置にあるかを知ったほうがこの子どものこともよくわかるので、話を先へ進めます。

今日はここで泊まりです。米とジャガイモとニンジンを炊いてガイドが夕食を支度してくれます。ところが、用意したガスコンロが不調で、火が強く出なくて炊けないのです。しかたなく村人のかまどの火を借りました。困ったガイドですね。もし、村がなかったらどうなったことでしょう。君ならきっときちんと準備したでしょうにね。子ども達もその頃には慣れて、指切りマジックをしてみせると面白がって軽く笑い声を上げて、服をつついたり腕にちょっとさわったりしてきました。

翌日はさらに谷の流れに沿って下ります。高度が下がるにつれて、まわりに草木が濃くなってきました。道はもう高いところのように広くはありません。日本の山の木こり道程度です。それでも、所々はインカのままの石づくりが消えずに残っていました。

村を出てから五時間経つと、遠くの丘の上に一軒の家が見えてきました。ここにサトシ君くらいの、ルーシーとワルデルという姉弟がいました。大きな黒い飼い犬の名前はベートーベンでした。まわりには誰も他にいないのですから、当然よくなついていて、ルーシーが「ベートーベン！」と呼ぶとついて歩いていました。

この辺りの海抜は二千七百メートルです。タクェシからまたも千メートルを下りました。なんと日本でもよく見るコスモス、金魚草、百合、ハマユウが道端に咲いていました。ルーシー姉弟に別れを告げて、さらに二時間も下って、ようやくポンゴという海抜二千メートルのところに来ました。ここが二日目の泊まりです。雨が夜のテントを叩きました。

ポンゴから道は急な登りになって、チョッヒヤ村につきました。この村には電気がありました。学校もありました。実はルーシーの家は二軒あり、ここにも一軒あったのです。ルーシー達は、学校のある時期はチョッヒヤの家に寝泊まりして学校に通っているのです。ルーシーは「一十二」と「五ー二」を、ちょっと間違えたが正しく計算しました。スペイン語も話せました。学校に行けるおかげです。タクェシの村を通る三日間のインカの山旅は、ここで終わりました。ここからは車で三時間かけて町へ出るのです。

さて、ここまで知ると、あのタクェシの村がどんなところにあるかがわかったでしょう。

タクェシからラパス方面の次の村に行くには、四千七百メートルの峠へ千メートル登っただけではだめなのです。峠を下ってから、さらに車で一時間もかかる道のりの果てに次の村があるのです。チョッヒヤからタクェシへ行くには、下りでさえ六時間かかるポンゴからの道のりを千七百メートルも登らなければなりません。

君に教えましょう。タクェシの村の四人の子どもは一歩もあの村から外へ出たことがないのです。もちろん、学校も知りません。リャマの住むアンデスの高地の物音一つしない孤独な村の中で、この先にどんな人生が待っているのでしょう。

タクェシの村の子ども達の境遇を思うと、自分がどれほど幸運かを考えないわけにはいきません。自分が、この時代の、この土地の、この家に生まれて、今の自分であることを感謝する気持ちでいっぱいになります。学校に行くこともできなかった人達にかわって勉強することこそが、自分の責任だと深く思えてくるのです。

長い長い時間をかけて人間は今のようになったのですから、タクェシの子どもがいなければ、今の自分もいないはずです。「ぼく達にかわって勉強しろよ」という無言の声が、アンデスの明るい光と風に乗って、太平洋も大西洋も越えて大空に満ちあふれ、耳を澄ますと、その静かな声が聞こえてくるようです。

夜もふけました。長い返事になりました。アケミ君とサトシ君にも読んであげてください。お母さんによろしくお伝えください。

一九九九年二月二十二日
真夏の地球の裏側にて　山の先生

【アケミの手紙と先生の返事】

山登り大好きな先生へ

先生、お兄ちゃんの手紙を読みました。先生は外国へ行っても山登りをするんですね。日本のいちばん高い富士山より高い山を登ったんですね。つらくなかったですか？　苦しくなかったですか？

私はこんど、先生に「つれていって！」と言うのは、きっと夏休みの間に沢のぼりに行くだけかもしれません。秋に紅葉を見るための山のぼりだけかもしれません。冬に雪山へ雪遊びのための山のぼりかもしれません。今年中かもしれないし、来年に雪山に行くのかもしれません。

山のぼりがしたくなったら、手紙を送ります。きっと夏は出すと思います。沢のぼりは楽しいので……。でも、こんどはお母さんなしで行きたいと思っています。でも、少しさびしいので弟をつれていくかもしれません。兄をつれてくるかもしれません。でも、なるべく一人でがんばりたいです。

山登りがしたい！　という手紙をまっていてください。先生よろしくおねがいします。

へんじ楽しみに待っています。……ワクワク！

アケミより

アケミ君

日本は、南のほうでは桜が咲く季節になったでしょうね。中国から黄砂もそろそろおとずれる頃です。中国の黄河は地図で見てください。世界は広い。いろんなところがありますね。

ここは緑一色の熱帯地帯です。それでもどういうわけか、暑くも寒くもない気持ちのよい日々があります。湿気の多い日本と乾燥している内陸国との違いでしょう。

この前、アマゾンの源流地帯に行ってきました。ブラジルは大きな国です。その国の中を何本も川が流れているのがわかるでしょう。川は中央付近で一本に集まって大西洋に注いでいますね。この川がアマゾンです。

海くらいに大きくて向こう岸は見えません。北はヴェネズエラ、コロンビア、エクアドル、西はペルー とボリヴィア、南はブラジル南部から水が流れ込んで、とうとうたった一本の川になるのですから、その大きさは想像を絶します。君がよく知っているエンリョウ川の範囲と地図で比べてごらんなさい。地図は縮尺してありますから、気をつけて。アマゾンに棲む魚の種類の数は、大西洋の魚類の数と同じなのです。

源流地帯の今は雨期で、川ははんらんしています。マモレ川（おかしな名ですね、この支流にイバレ川という川もあります）はなにせ海抜二百二十メートルですから、大西洋までの六千キロメートルに及ぶ距離を考えるとほとんど平坦です。高さが二百メートルで、底が六千キロメートルの三角形を小さくして書いて、必ず確かめてくださいね。きっとびっくりしますよ。

降った雨はたまります。森の中に水が浸入して水の中に木々が生えています。舟で村から村へと行くことができます。はんらんがないと舟では行けないので、むしろ不便です。村人の舟は一本の木をくりぬいた丸木舟です。

そういう小さい舟ではありませんが、普通の船で四日間すごしました。この船のエンジンは、日本のヤマハのエンジンでした。三十五年前に潜水艦に使われていたものが払い下げられて、オランダに運ばれました。そこで使われたあと、マモレ川に来たのです。「三十五年たってもまだ使える、日本製は優秀だ」と船長が言っていました。三十五年も大事に使われて、造った人もうれしいでしょう。お百姓さんも「日本人はみな算数ができて、とても優秀」と言っていました。でも、よく考えると、実は誰でも優秀なはずですね。初めからだめだと思って、考えようとしなければ、誰でも優秀にはなれませんね。

昼はピラニアを釣りました。道具は簡単で、竿は木切れで、牛肉が餌です。ピラニアのことは君もテレビで見て知っているでしょう。歯がとても鋭くて、餌をあっという間に食いちぎっていきます。うまく合わせないと針にかかりません。

初日は森の中で釣りました。まるで釣れなかった。二度目はラグーンという湖沼《こしょう》で釣りました。入れ食いで釣れました。手の平くらいの小さいピラニアだったので、何匹釣ったかわからないくらい釣りました。暑い昼間は泳ぎました。川は濁っていますが、ラグーンはまあまあ澄んでいます。どちらにもピラニアがいますが平気です。

夜はモーターボートでワニを見に行きました。アリゲーターといって、大きいもので一～二メートルです。強力な携帯電灯で遠くの岸辺を照らすと、真っ暗な中に赤い点が光って見えました。ワニの目です。そばへ寄って、小さなワニは手でつかみました。クロコダイルはアリゲーターより大きく、ケイマンになるとさらに大きく、もう危なくて近寄れません。

釣ったピラニアを刺し身にして食べました。土地の人達と同じ唐揚げでも食べました。アメリカ人にも刺し身をすすめたのですが、「No thank you」と言って食べませんでした。タイやヒラメの刺し身のような味でした。

そういうアマゾン源流の奥地にも、離れ離れにまばらに人が住んでいます。一、二カ月に一度、生活用品を舟で運んでもらっている、一人住まいの老人もいました。もちろん、この先には人がいないという境界があります。無人地帯のほうがずっとずっと広いのですから、君の想像をこえているでしょう。

そういった奥地に小さな部落がありました。うれしいことに学校もありました。日本の教室の二分の一くらいの広さの小屋でした。黒板の横に、生徒の名前が大きく書かれて貼ってありました。生徒は二十人ほどで、一年生から六年生まで一緒です。とても若い女の先生でした。聞くと、低学年で「一＋一」「二＋三」のような簡単な算数を教えるそうです。高学年では掛け算を教えます。歴史も教えます。

生徒の年齢はまちまちで、二十歳で一年生の人もいるそうです。何歳であっても勉強しようとする気持ちに変わりはありませんね。その尊い気持ちは、きっとアマゾンの水とともに延々と流れて人間の未来を清らかに洗うでしょう。

ジャングルのかなたに落ちる夕日はとても美しい。太陽はくっきりとまん丸で、色がついていないと思えるくらいにレモン白色です。ゆっくりと地平線に沈んでいきました。むかし、戦争が終わって、先生が今の君と同じくらいの年の頃、家の屋根の上からタケル山に沈む夏の夕日を一人静かに見つめていたことを思い出しました。あの夕日はアマゾンの朝日だったのですね。

明日の朝、学校へ行く時、朝日を見てください。君が見ている太陽は、下校する二十歳の一年生の背中を照らしているアマゾンの夕日です。ハジメ君とサトシ君にも読んであげてください。お母さんによろしくお伝えください。

一九九九年三月十六日

アマゾンに沈む日本の朝日を見ながら　山の先生

【サトシの手紙と先生の返事】

先生へ

なにも書くことなどはありませんけど、このごろ山をのぼっていないので、体がなまってしまいました。手紙は外国に出すのははじめてです。へんじをもらうのもはじめてです。楽しみにまっています。にいちゃんの話をきいていて、空気がうすいところまである山なんて知らなかった。また、なんべいのことをくわしくおしえてください。

サトシより

サトシ君

もうじき春休みですね。春休みに君は何ができるようになるつもりですか。自転車かな？キャッチボールかな？　それとも自分の机の片付けかな？

南アメリカはサッカーの国です。どこへ行ってもサッカーをやっています。子どもは空き地があるとボールをけって遊びます。日射しがとても強いところで、まぶしくて目を開けていられないくらいのこともありますし、うっかり日向で時間を過ごすと顔や腕は日焼けのやけどになります。でも、ここの人達は前から育ってきたので、この日射しをものともしていません。

子どもも真っ昼間に平気でサッカーをやっています。君なら、暑い、疲れた、と弱音をはいて、しり込みするかもしれませんね。いや、いや、そんなことはないか。テンツキ山へ登った君だから、少しのことであきらめたり引っ込んだりはしないでしょう。もし君がここにいれば、サッカーをするでしょうね。

この前、馬で遠乗りしました。おとなしい馬でしたが、おとなしすぎて決まった道の外に出ようとしません。あちこち見たいのですが、嫌がります。アオノミズで泳いだ沢のぼりの君とは大違いです。横腹をけると走りました。けっこう速く走るのです。走ると鞍の上で人ははねますから、あぶみの上に立つようにして調子を取るのです。楽そうに見えますが、長い時間走ると疲れます。君も、馬に乗ってみたいなぁ、と思うでしょうね。でも、その前に自転車ですね。ズボンが馬の汗で濡れました。

牧場には牛が何頭も飼われています。大きい牧場には何百頭もいます。広い国に数え切れないくらい牧場があります。だから牛肉はとても安く、五百円の焼肉を君達全員でも食べきれませんよ。また果物もたくさんとれます。バナナ、パパイヤ、スイカ、なんでもござれで、道端で山のように積んで売っています。日本と何から何まで違いますが、子どもの元気さは君とまったく同じです。何ごとにもしり込みしない強い子ども達です。

ハジメ君とアケミ君にも読んであげてください。お母さんによろしく。

一九九九年三月十六日

雪を見たことがない子ども達の国にて　山の先生

第十話

オオミズ川

一人遊びができないサトシ

◆一九九九年　清和◆

弓矢に込めた幼い願い――花崎佑子

シラハラ山から帰った翌日、サトシは高熱を出して中耳炎になりました。その二日後が始業式でした。小学三年生はクラス替えの年であり、「何年何組かな？　先生は誰だろう？」と気にしながら登校途中に座りこんでしまいました。私は顔色の悪いサトシを連れて家に戻りました。

ハジメの中学校の入学式の帰りに小学校へ立ち寄り、サトシの新しい担任に挨拶して教科書を受け取りました。「新しく転任してきた女の先生だったよ」と伝えると、少し不安そうな顔をしていました。数日後、耳垂れも治まり、熱もすっかり下がったというのに、サトシは学校へはまだ行けないと言っては欠席を続けました。

「学校へ行けないほど元気がないようには見えないよ。どうしたの?」。わが家に二人目の不登校児だと思いながらも、アケミの時のようには焦りませんでした。無理強いをして学校に行かせようとはせず、毎朝学校に行けるかどうかを尋ねて、仕事から帰ると一日の様子を聞き出しました。

「算数が嫌い」。ポツリとサトシが言いました。テストの点数はそれなりに取ってきて、成績も普通です。「学校へ行きたくない」「学校へ行けないの?　行きたくないの?」「学校へは行ける……」。新学期のスタートで出遅れたこと、担任が新しい先生であることが、サトシにとって言葉にならない不安なのかもしれません。こんなことぐらいで学校へ行けなくなるようでは、この先が思いやられます。上司が嫌だと言って、本来の仕事ができないような社会人になってもらっては困ります。

「行けるのに行かないとはどういうことかなぁ。今のサトシを見ていちばん驚くのは(三年生の担任の)タカダ先生だよ。だって、サトシは雪のあるテンツキ山を登ったんだもの。きっと『あのサトシ君が!』って言うよ」。下を向いていたサトシの顔が明るくなりました。私は「よし!　明日は『三年二組の花崎サトシはこんな顔です』って言いに行こう!」と声をかけ、サトシを連れて小学校に向かいました。

玄関に着くと、新しい担任はニコニコと笑って待っていてくれました。私の後ろに隠れているサトシを前に押し出し、挨拶を促しても、下を向いたまま何も言えません。担任は「おはよう。私が三年二組のハヤカワです。よろしくね」と手を差し出してきますが、サトシは何も言いません。

担任に手を握られると、サトシは小さな声で「花崎サトシ」と答えました。「今日は教室を見ていく？」「帰る」「わかりました。サトシ君に会えて本当に先生は嬉しかった。じゃあ月曜日、教室で待っているね」と声をかけられると、サトシの強張った顔がほぐれ、少し照れながら学校を後にしました。そして月曜日の朝、サトシは何事もなかったかのように学校へ出かけていきました。始業式から十日経った朝でした。

そんなサトシの様子を見た私は、思いきって一人で山へ行かせることを決めました。さっそく誘ってみると、「行きたい。でも、一人なら行きたくない」。はっきりしません。もう一度尋ねると「行きたい」と返ってきました。重ねて、「一人で行くのは？」と聞いてみると、「一人なら行くのは諦める」と言います。「山に行きたい気持ちがあるのに、どうして一人だと行かないの？」「イヤだ。怖い」。そう言うばかりです。

「どうしてイヤなのか、何が怖いのか教えて」と顔をのぞくと、私から目を逸らすだけで理由を考えているようには見えません。「サトシ一人が山へ出かけると、どんなことがあるの？」と尋ねました。しばらく黙っていたサトシは、「一人では淋しい。道に迷う。置いていかれるかもしれない」と、小さな声でポツリポツリと話し始めました。

これまでの山登りでは、何度もハジメやアケミに置いていかれ、テンツキ山では遭難したかもしれないと怖い思いもしたのでしょう。何が何でも今度の山は一人で行かせなくてはと思いました。誰にも邪魔をされないようにと二人でお風呂に入り、私はゆっくりとサトシに話しました。

「先生はサトシ一人を置いていくようなことはしない。シラハラ山でもテンツキ山でもそうだったでしょう？　一人なら、先生はいつもサトシの傍にいてくれるよ」。最初は横向き加減で聞いていたサトシも、私のほうに向き直りました。

「梅雨って知っている？」「知ってる。雨がよく降ること」「お天気は良いほうがいいね」「ウン」「一人でも行ってみる？」「ウン」「荷物にマッチを入れていくの？」と聞くと、いたずらっぽく笑いました。「いつがいいかな？」「早いほうがいい」「じゃあ、廃品回収の日に送っていくことにしようか。それでいい？」「ウン」。返事も元気になってきました。

「明日、先生に伝えるけれど、これは約束だから破ってはいけない。本当に伝えてもいいの？」と念を押すと、「大丈夫。ウン、大丈夫」と答えました。

先生に連絡すると、さっそく「山では何をしようか？」と書かれた手紙を頂きました。サトシに「何をしたいの？」と尋ねると、すぐに出てきたのが「ナイフを使って木で何かを作る」。「山の中ではいろんなことができそうね」と話すと、サトシのほうから「糸がいるなぁ、お母さん」と話し始め、以前お土産で買った弓矢を作る話が出てきました。

さらに話は弾み、絵が苦手なはずのサトシから「山の絵を描くのもいいね」と意外な言葉が出てきます。「木登りもいいかもね」「でも、学校では禁止されているから……」「学校じゃないよ、お山だよ」と言うと、満更でもない顔をしています。

山へ向かう車中、サトシはいつもの山行きと同じ顔をしていましたが、登り口に着くと、写真を撮ろうと誘っても背中を向けて面倒そうな顔をしています。見送る私を見ることもなく、そそくさと出発していきました。どうしたのかしらと考えてみましたが、「楽しみにしていたから、早く登りたかっただけなのか」と思い直してみると気分が軽くなり、そのまま自宅へ向かいました。

夕方、予定の下山時刻よりも早く集合場所に着いた私は、元気な笑顔が見られるようにと祈る気持ちで待っていました。

登り口に現れたサトシは、朝と変わらない表情です。思うように遊べなかったのかしらと思いましたが、近づいてきたサトシはいきなり私の手を取り、「お母さん、こっちに来て！」とグイグイと引っ張っていきます。そこは、山の斜面が大きく崩れ落ちていました。「すごいでしょう。だから、一旦下のほうの道に下りて、それから上へと向かったんだよ」。少し間を置いてからサトシが小声で言いました。「この道の上のほうで落ちかけた」「えっ！」「先生が手を持ってくれた」「どこで?」「ここからは見えない」「高い場所だったの?」「ウン」。

帰りの車中、サトシは静かに眠っていました。自宅に着くと、自分の荷物を全て持って奥まで運び、ハジメとアケミに借りたものを「ありがとう」と言葉を添えて返しました。「明日の学校の用意はしてあるの？」と私が聞けば、「まだ」と答えてさっさと準備を始めます。言われる前にお風呂に入り、布団へ向かいました。昨日までのサトシとは大違いで、ハジメやアケミに何を言われようが知らん顔をしていました。何も言わないけれど、きっと今日のお山には宝物がどっさりとあったのでしょう。

山のことは「ちょっと面白かった」としか教えてくれませんでしたが、後日できあがった写真を見ながら、弓矢を作ったけれど矢が飛ばなかったことや、石投げをした谷川の様子を活き活きと話してくれました。最後に、つづら折りになっている道をどうやって下りてきたのかも、写真と自分の記憶と照らし合わせながら一生懸命に説明してくれました。

そして、滑落しかけた時のことを尋ねると、「よく、わからない。アッと思ったら落ちかけて、先生に手を掴まれていた。先生に『気を抜いていたからそうなったんだ』と言われた」。

どんな意味を持つかはわからないけれど、滑落しかけたことは、サトシにとって一生忘れることができない事件になるのでしょう。

「そういえば、山で作った弓矢はどうして持ってこなかったの？」「ウン……」「山の木を切ったから叱られると思ったの？」「そうじゃない。もう一回あの場所へ行く。その時まで置いておこうと思ったの」。

今度同じ場所に立つ時、サトシはきっと一人でしょう。手作りした弓矢はもうないかもしれませんが、そこには幼かった日の思い出がたくさん詰まっているはずです。また一つ、サトシの宝物が増えたようで、私は嬉しくなりました。

一人遊びに没頭する——西木大十

サトシの不登校は拍子抜けであった。三年生になった初っ端から嫌がるとはね。これまでサトシは、学業を理解しながら進んできたのだろうか？　なぞっていただけなのかもしれない。末子は上の物真似をしていることが多い。真似する対象にも事欠かないし、真似さえすれば表面は過ぎてゆく。すると、自分のものとなっていなくても、できているように本人も周囲も勘違いしてしまう。サトシもその口であろう。

ともかく、兄姉と切り離された一人だけの時間が必要だ。昨年のカンザン寺には母親がついてきた。あの時はあれでよかったのだ。独占したことのなかった母親を独占できたのだから。今度はサトシ一人を連れていこう。

以前、サトシが言ったことがある。「お兄ちゃんとお姉ちゃんは頭がいい。遊びを考えられるから」。サトシは、自分では遊びも考えつかない、と言っている。上にくっついて、お任せで遊んでいただけなのだ。

山道は草が生い茂って、車は先に行けなくなった。母親に手を振って歩き始めた。山崩れで道が切れたところへ出た。山崩れは上端部で道の大半を削り取って始まっていた。削り取られて残っていた道幅は、両足を揃えたくらいの狭さだった。

「あっ！」。突然、サトシが悲鳴のような声を上げた。振り返ると、抉《えぐ》られた道の中央で一瞬バランスを崩したようだ。おやまあ、びっくりしたよ。「サトシ、最後まで注意しながら進むんだ」。そこから先は、物騒なところはまったくなかった。

目的地に着いた。そこで谷は折れ曲がり、片方が台地になって少し開けている。ブナやナラの高木が繁って緑一色である。ここの岩陰に雨除けのツェルトを張った。

さて、今日はサトシ一人の日である。存分に一人遊びをさせる目的でここに来た。鋸《のこぎり》もナイフもロープも持参した。サトシは「弓を作る。凧糸も持ってきた」と言った。それはよかろう。「その辺りの枝を好きに切って作るといいよ」「学校の先生は切っちゃいけないと言ったよ」「校庭や公園ではやめたほうがいいけれど、この山の中では構わないよ」。杓子定規のワンパターンから子どもを守らねばならない。

サトシは弾力もない細い枝を切り取った。曲げても反発しない。「それじゃあ弓はできないね。あっちで良さそうなのを探そう」。台地の上には大小の枝木が一面に生えている。「ほら、ここらで適当なのを探したら？」「でも、そう言ったって……」と言うなり、サトシは鉈《なた》を持ったまま、こちらの顔を見上げて突っ立っていた。どうやら、適当な枝というのがわからないらしい。これまでも弓のしなりは目に留まっているはずなのに。「枝を手に取って曲げてみると良さそうなのがわかるよ」。近くの枝を一、二本切り取って渡した。「こんなのはどうかな?」。それを機にサトシが枝を切り出した。ようやく両端を凧糸で縛った弓が完成した。

次は矢である。ところが、その矢は弓より太い枝ときた。案の定、弦を離れた途端、ポトンと落ちた。それでも、岩の上に立ったサトシの構えは那須与一《なすのよいち》かロビン・フッドか。

昼飯の後、何をするのかと見ていると、おもむろに鋸を持ち出し、親指ほどの太さの長い枝木を三十センチほどの長さに切り始めた。「何を作るの?」「別に。切ってるだけ」。それから一時間近くも、ひたすら長い枝を見つけては鋸で切っていた。そうか、得心が行くまで道具を扱ったことがなかったんだね。その暇なく、いつも周りに急かされて遊んでいたのだろう。

鋸遊びも終わったようだ。今度は何を始めるだろう? 小石を流れに投げて水のおはじきを始めた。何度も、何度も。そのうち、大きな石を抱えてきてドボンと投げ込んだ。これをまた何度も繰り返した。石投げ遊びは一時間半近く続いた。こんな単純なことで退屈しないとは、サトシはまだ幼稚園並みだ。ともかく、今は飽きるまで続けて、満足したら卒業だ。遊びも学業もそうやって次のレベルへと登るのである。

「そろそろ帰ろうか?」。ツェルトを片付けながら帰り支度を促した時、ふと、岩陰に置かれたままの弓矢が目についた。
「サトシ、作った弓は持って帰らないの？」「置いていく」。「持って帰ればいいじゃないか？」「うーん、置いてゆく」。そうか！　またいつか、ここへ来ようと思ったんだね。ここは誰も来ることのない、自分の秘密の場所だと感じたんだ。遠い先まで宝物を隠しておく幼心のロマンだね。とても大事な心だよ。

往きには落ちそうになったところも、今度はザイルにつないで無事に通り抜けた。その下にある崩落《ほうらく》箇所もザイルにつないで直降して道に出た。

遠くに母親の姿が見えた。サトシは急いで走り出すと、母の手を引いて山崩れを見せに戻っていった。

【先生の手紙】

サトシ君

こんど、君と二人で山の中で大いに遊びましょう。今、山は緑の芽がふいて、それはきれいです。どんなところへ行きましょうか？　何をして遊びましょうか？　君がしてみたいことなら、なんでも言ってください。君がしたいことに合わせて、行く先を考えます。

水遊び？　これはちょっと冷たいかもしれませんね。木のぼり？　おおいにできます。おいしい山菜を取って食べる？　これもできます。ナイフで木をけずって何かを作る？　できます。美しい山の景色をかく？　たいへんけっこうです。

はてさて、なんでもできますから、まよいますね。全部しますか？　少しよくばりかもしれないけれど、いっこうにかまいません。その時しだいで、気の向くままに遊びますか？

用意するものは全部持っていけばいいのです。だれもじゃましませんから、思いきり遊びましょう。君のきぼうをたくさん教えてください。先生に用意してほしいものを言ってください。

山の先生

第十一話

ヒサゴ岳

◆一九九九年　大暑◆

山越えしないとお母さんに会えない

何があったの　山の中――花崎佑子

六年生になったアケミは、算数で満点を取り、自分から友達を誘えるようになり、自分のことを「アケミちゃん」ではなく「私」と言えるまでになりました。七月に入ると、「夏休みに行こうかな。でも、夏休みは予定がいっぱいになってきた。どうしよう……」などと何やら一人呟いています。去年まで退屈だった夏休みが嘘のようです。

そこで先生と話し合い、ハジメやサトシと同じようにアケミも一人で先生と山へ行かせることにしました。

できることなら「頂上はまだぁ?」「もうイヤになった」なんて言わせたくない。そこで、山越えをさせることにしました。何が何でも山を越えなければ、迎えの車に乗ることができません。先生の手紙には「アケミとの山登りを楽しみにしている」とありましたが、アケミはいつもと同じように過ごしていました。

出発の朝、アケミはあまり話しません。ヒサゴ岳の登り口まで見送って記念撮影もしましたが、憮然としていました。これから登る方向をちらと見ただけで、緊張とも不安ともとれる表情です。結局、少し後ろを振り返っただけで行ってしまいました。

アケミを見送った後、神社に立ち寄り、無事に帰ってくるように、良い経験となるようにお願いしました。グズグズ言っていないかしら、もう歩けないとふてくされているのでは、と家に着いても気が気ではありませんでした。

夕方、二人を迎えに行く道中はお盆で道路が混雑していました。少しでも早くと焦る気持ちを抑えながら、待ち合わせ場所へ向かいました。到着する頃には雲行きが怪しくなり、小雨がぱらついてきました。下山口はどこだろう。下りてこなかったらどうしよう。

遠くの山の高みにアケミの赤いジャージが見えました。

「無事に帰ってきた！　近所の学校にも行けなかったあの子が、山を越えてきた！」。どんな顔をして迎えようかと気持ちが昂っていましたが、心を落ち着かせて、静かに「おかえり」と言うのがやっとでした。アケミは、聞こえるかどうかといった声で「ただいま」と答えただけです。

二人で近くの岩に座りました。「楽しかった？」「ウン」「どんなところを登ったの？」「滝とか……、色々」。そう言いながら少し面倒くさそうにしています。「着替えるから早く服を出して」と言って私の傍を離れていきました。

　意外なほど静かだと思ったものの、帰りの車中では山で出会ったアブやブト（ブヨ）のことをさかんに話したかと思えば、車窓から川原でキャンプをしている大勢の人達を見かけ、「ブトみたい」と言って大笑いしています。「いったい、山で何があったの？」と心配になるほどでした。いつもは下山後の外食を楽しみにしていたのに、「おばあちゃんのご飯が食べたいから、今日は外食しない」と言います。いつもと違うアケミを見ているようでした。

　翌日になると、滝登りのことを落ち着いて話してくれました。大きな滝は三つあり、最初に登った滝がいちばん苦労したそうです。どんな滝だったのかと聞けば、身振り手振りで説明してくれました。

「滝の高さはどのくらいで、幅は何メートルぐらいと話してくれるとわかりやすいね。それから、どこからどんなふうに登ったかを教えてほしいな」。そう話した後、私は今回の山登りのことを夏休みの思い出として日記のような文章にしてみては、と勧めてみました。「そうね。わかった」と答えましたが、二カ月経っても取りかかりません。「ヒサゴ岳の話は書けたの？」と聞くたびに「書くよ。でも、忙しいから……」を繰り返すばかりです。

　楽しみに待っているという先生の手紙も負担になっていたのか、結局、ヒサゴ岳の作文ができあがったのは、半年後の春休みに再訪したシラハラ山の後でした。

自分を見知った固有の経験――西木大十

昨秋、アケミと出かけたミツマドヶ岳は母親が一緒だった。今回初めて、六年生になったアケミが一人で来るという。

アオノミズのように美しい水遊びの山行がいいか、目標達成の苦楽ある山行がいいかを佑子に尋ねた。目標達成型がいいと言う。ならば、ヒサゴ岳の谷を登って頂上越えして反対側へ下山しよう。山を越えなければ家には帰れない。

谷は前日までの荒天で水が増えていた。アケミは、山中では気合いも体力も悪くない。いきなり最初の難所にやってきた。二十メートルほどの細い斜滝がくねって落ち込んでいる。滝つぼから数メートルを登り、ほとばしる急な流れを跨《また》いだ後、反対側を登らなければならない。「ザイルにつながれていても、ここの跨ぎがいちばん怖かった」と、アケミは後で言っていた。いくつもの滝を怖れず登ってくる。今日は不思議なくらいに「先生まだ？」と聞いてこない。次々と難所が現れるから、それどころではないのだろうか。

ひと休みした時に尋ねた。「アケミ、君は勉強が得意になったそうだね。勉強は好きか？」。はっきりと首を横に振った。「そう？　わからないと面白くないよね」「わからないことは、お母さんに聞くの」「教えてもらうの？」「次の日に調べたり、考えたりするの。それでもわからない時は聞きなさいって言われた」「そう、自分でまず考えるんだ。とても大事なことだよ」。今日のアケミはよく話す。

　左も右も頭上も大木の緑に覆われた谷の大岩が水しぶきに洗われ、行く手の目路の先でまた緑の中へ消えている。アケミは蟇蛙を怖がった。「蛙いる？　そこだけ？」。眼はかっと見開かれている。どうしたわけだろう、何か変である。本当に怖がっているのだ。「や、蛇がいた」。それを聞いたアケミは、谷沿いの下草ヤブに入るのもためらった。

　谷水も途絶える源流では気温も上がり、アブが飛んできてまとわりついた。ブトもうっとうしい。次第にアケミがにぎやかになってきた。「こっちへ来るな！」「イヤ、もう！」。いくら怒鳴っても飛び交う虫は減らない。

「イヤだ、クソ！」「アケミ！　何だそのコトバは！　そんなコトバを使ってはいけない」。そう言うと、アケミは不意に顔を上げて不思議そうな顔をした。後で佑子に聞いたところでは、これまでにコトバの注意を受けたことはなかったらしい。「そんなに怒るなよ。ここはもともと、アブや鹿やタヌキの土地だ。我々が勝手に断りもなくやってきたんだ。すまんが通らせてもらおうよ」。

　最後のヤブの斜面に入った。「先へ行きなさい」。アケミはしり込みした。オオカミ山の時は、わざわざ雪のヤブに「こういうのが好きよ」と言って飛び込んだのに。それに、以前は蛙も虫も怖がらなかった。何かが変わったようだ。自分と外界の区別もおぼろげで、幼く無鉄砲なだけだったアケミに自意識が育ってきたのだろうか?

頂上へ飛び出た。五時間半でよく登ったものだ。焼きそばを作り始めると、アブとブトの再訪問を受けた。また大騒ぎである。さあ、食べたら向こう側へ下山しよう。

ゆっくりと山道を下りたが、三時には車道へ着いてしまった。車が一台やってきた。「あの車の人に、下のほうに駐車場がなかったか聞いてみようよ」。アケミの顔が歪んだ。「一緒に来なさい」。アケミの手を引いた。挨拶の仕方を見せなければ。

「ちょっとお願いします」「はい」「この下に駐車場はありましたか?」「いや、なかった。ここが最初でした」「どうも、ありがとう」「アケミ、あそこの四阿《あずまや》で待とう」。

遠くに佑子の車が見えた。「今日はアケミがいなければ登れなかったよ。二人でやり遂げた登山だった」。白い木槿《むくげ》の花咲く前で記念写真を撮った。

それから半年が過ぎ、この春には中学生になるというアケミから、ようやくヒサゴ岳の作文が届いた。滝を越えた時の緊張や覚悟、まとわりつく虫の眼の色までもがまざまざと、四ページにわたってびっしりと書かれてあった。


【先生の手紙】

アケミ君
山越え谷越えの冒険に行きましょう。

一　集合：五時、市営駐車場
二　君が用意するもの：昼食の材料、ばんそうこう、甘いおやつ
　　君が忘れてならないもの：ヘッドランプ、軍手、雨具、バンダナ、着替えの下着
三　先生が用意するもの：料理道具一式、宇宙飛行士用のアイスクリーム、山登り道具、君の靴
四　君は自分のものだけを背負います。濡れないようにビニール袋に入れて詰めてください。共同使用のものは全部先生が背負います。
五　行き先はヒサゴ岳。ヨドミヶ岳の向かい側にあります。
　　最終決定は金曜日にお母さんに伝えます。

以上、山の先生

【アケミの作文】

「ヒサゴ岳」

ヒサゴ岳では、はっきり言って、驚いたことがたくさんあった。その中で特に教えたい、という所が、三つある。

一つ目、初めて登った大きな滝、この滝はものすごい勢いで流れてくる水、私なんか、登っていくとちゅうで、流されてしまいそう。それにこの滝の幅が、とても広く見えた。だい

たい私が手を広げて、三分の二ぐらいだと思う。しかも、盛りあがっていた。「なんでこんな所を、はあ……」と、私はとまどいをかくせなかった。

だが先生は、どんどん、登っていく。私は、緊張と不安をかくしながら、一歩一歩、確実に登っていった。顔とお腹に、水がものすごい強さで押しつける。そして、ようやく半分にきた所で先生が、渡ってこっちにこいと言うのだ。その時私は、何も言えず、頭では、死ということがあった。落ちたら死ぬかもしれないと思っていた……こわい……だがここを渡らねば……そう思っていて、私は「一、二の三で渡ろう」と決心した。そして、私は、心を落ち着かせて、次のしゅん間何がなんだかわからないほどに、目が回ったような気がした。私はその時、うれしかった。なんか達成感みたいなのが、たちまちわきあがってきて、ふっと顔に出た。

二つ目、虫の多さ、そのうえしつこい。虫は、大きさが、私の親指と人差し指と合わせた大きさ、けっこう大きい。こんなのがついてきたのでは、私は混乱してしまいそうだった。とくにアブがいっぱいいて、数は五ひきぐらい、ブトもいた。そいつがついてきて、口の中へ入ったりするのだから、私はたえきれなかった。だからたくさんあばれた。少しだけど、虫がちった。それでも、私がつかれて、普通に歩く。けれど、虫はつかれるようすもなく私をおそってくる。

頂上につけばいなくなる、という先生の言葉を信じ、走った。つかれる、走る。頂上についた。うれしいと思う前に、まだ虫がついてくる。私は火をつければいってしまう、と言う。私はそのほうが確率は高いと思い先生に頼んだ。はやく昼にしよう、はやくはやくと。私は先生にたいして何もしてやらず、ただ虫に気をくばっていたのだ。それから火がついて虫が少しずつ消えていき、最後にハチみたいな色をして、今まで見たアブとは違っていて、きょうぼうそうだった。そいつは辺りをゆうゆうと飛びまわり、私をおびえさせた。そのおかげで私は学んだ。アブにかまれないように、ヤッケをきた。私は、なぜ初めっからこんなことに気づかなかったんだろうと思った。私は、この虫達にひやひやさせられ、少しだけれど私は学んだ。

三つ目、自然のすごさや美しさ。それは滝。強い流れと大きな音が組み合わさった滝、小さく弱い流れ、やさしい音が組み合わさった滝と、色々あった。スカートみたいに広がっている滝、上につくまでに、こういった滝を私はとても強く頭に残っている。それに、石のこと。落石として落ちてきた岩が、今ではこけが生えていて、とても歴史を感じるようだった。

それにこの山の緑。木がとても大きくて、とても静かで、とても気持ちがいい。その森では、川が近くにあって、しめっている所も気に入っている。それからあのしつこい虫達でも、目が緑色や青色をしてきれいだった。頂上で飛んでいたのも黄色と黒が交互になって、とてもきれいだった。私はアブのかむという、いやなことだけ考えていて、見ているひまがなかった。なんか、そんをしたようにも思えた。
それが、私が感じ取ったヒサゴ岳だった。下についた時も、まだしつこく虫達はついてきた。私達は、お母さんを待っていた。キャンプをしている親子に会った。ヒサゴ岳を登ったことや、よく聞き取れなかったが、私へ対しての、ほめ言葉が入っていることがわかった。私は、うれしい気持ちと、何を言っているのだろう？　とその話に耳を向けていた。しばらくして母がきて、帰りの車では、ヒサゴ岳のアブ・ブトのこと、帰り道だった道を高速道路と呼ぶわけ、あの登った滝のこと、私はとても楽しかった。

【先生の返事】

アケミ君

小学校もとうとう卒業ですね。中学入学おめでとう。中学校は小学校と違い、他人のまねをするよりも自分で考えて決めることが多くなります。勉強も、運動も、何もかも、落ち着いて考えてきっぱり行う賢い中学生になってください。

約束の「ヒサゴ岳」の作文を読みました。君がとても印象に残ったという「おそろしい」滝がどの滝なのか、文章からははっきりとわかりませんでした。あの滝かなと想像するのですが、最初に出合った斜めの滝なのでしょうか。先生の目に映ったその滝を書きましょう。谷が左右から合わさった左側の滝です。右側からは三十メートルほどもある垂直の大滝が落ちてきて、水は小さな段々をつくって流れ込んできました。そして、私達が登る左の滝と合わさったところが、ちょっとした滝つぼになっていました。君のお腹ぐらいの深さでした。この滝は三メートルぐらいの幅で、三、四メートルの高さから滝つぼに落ち込んでいるのですが、その上にさらに斜めの流れが見えました。

滝つぼの中に入って、君にザイルを渡して、まず先生が滝の右手の岩を登りました。登ったところは斜めの部分の先端で、勢いよくしぶきを上げて水が流れていました。そこからは、もう右手は登ることができず、左側へ流れを跨がないと先へ進めません。ひと跨ぎなのですが、岩がすべすべして、その上斜めなので手がかりはなく、足を踏ん張って跨がないといけない、少し難しいところでした。

左側はゆるい岩が狭い棚のように流れに沿って十メートル続いていました。棚の横は崖になって切り上がり、見上げると木が生えていました。斜めの流れを跨いだところから、先生は君に合図しました。君はザイルをカラビナで腰につけて、跨ぐところで少しためらいましたが、落ち着いて先生のところまで上がってきました。この滝が最初の難関で、その後もこの滝以上に険しい滝がありましたが、最初だったので君の印象に強く残ったのでしょう。

同封の写真を見てください。これが今、先生が描写した滝です。君の作文の滝は、これでしょうか。写真の女子はN市の高校生で、市代表ソフトボールチームのエースと四番です。エースは勉強もよくして、去年K大学に入学しました。大人でもヒサゴ岳をこの谷から登る人はめったにありません。二、三年に一度あるかないかです。高校生でもこの人達が最初です。

君は小学生で登りました。これからも自信と誇りを持って、何ごとも怖じずに積極的に取りかかってください。ぐずついた、投げやりな、ぞんざいな中学生にならないでください。

ヒサゴ岳のパートナーである先生を嘆かせないように。

山の先生

第十二話

ソラガイ山

◆一九九九年　晩夏◆

遭難させたい不用意山行

覚悟を決めて送り出す――花崎佑子

夏休み前に、中学校の三者懇談がありました。初めて懇談に同席するハジメの目に私がどう映るかと、少し緊張しながら会社から学校へ車を走らせました。ふと「もしかしたら、ハジメは忘れていて来ないのでは？」。本当に来なかった。

担任は期末テストの点数表を見せてくれました。「平均点よりは少し上だが、提出物を出していないので二の評価になる」と言われ、「あ〜、結局、私の独り相撲だったのか」と思い、力が抜けました。学校生活についても、あれこれ再三提出を求めたが間に合わなかったこと、校外研修の反省や夏休みの計画表など未提出物が多すぎることなど、担任もいちいちは覚えていられないようでした。

「そういえば、給食の箸を忘れることがあります」「その時はどうするのですか?」「学校の箸を貸します」「もう貸さないでください。困ることを身に染みてわからせたいのです」。

担任は笑いながら「手で食べるんですか?」と言いました。「手でも構いません。給食が食べられなくても構いません」。話していた担任は笑わなくなりました。

ハジメの机の中をのぞくと、教科書、保護者への手紙、失くしたと言っていたプリントなどがどっさりと詰まっています。私は黙って中身を取り出して、紙袋に入れました。「本人が言い出すまで教科書を渡しません。教科担任の先生に注意を受けることが本人のためになると思いますので、よろしくお願いします」「はぁ……」。とうとう担任は何も言わなくなりました。

ハジメは何事もなかったかのように友達の家から帰ってきました。懇談に来なかった理由を尋ねると、「聞いていない」。「先生も私も日取りを確かめたのにどういうこと?」と問いただしても返事は出てきません。「自分のやるべきことがまったくわかっていない」。ハジメは黙ったままです。どんなに言葉を並べても、ハジメの心には響きません。神妙そうな顔をしていても、きっと明日からまた同じことを繰り返すのでしょう。

「もう一度、懇談が必要じゃない?」「先生に聞いてみる」。ハジメは素直に言いました。翌日、「お母さん。先生が懇談をやり直してくれるって」。どうやら、担任から持ちかけてくれたようです。結局、ハジメは周囲の人が標《しる》した矢印を追って道を歩いていくのでした。

さっそく担任にお礼と、ハジメとのやり取りを手紙に書きました。そして、次の懇談では担任の口から「授業を受ける資格がなければ退室を指示する」と言ってほしい、親もそれを当然のこととして了承する、と書きました。これを言うことが本当にハジメのためになるのか、わが子をだめにしないかと悩みましたが、しなくてはいけないのだと覚悟を決め、このお願いを加えました。

翌日、三者懇談が開かれました。しかし、お願いしたことをなかなか話そうとしない担任に焦れて、私のほうから話を切り出しました。「このままでは授業を受ける資格がないと思う。先生はどう思われますか？」と尋ね、担任の同意を待って「その時は退室させてください」とお願いしました。はっきりした返事がなかったので、二回、念を押しました。

担任はハジメに向かって「花崎君、そういうことだぞ」としか言いません。学校生活や授業に関して、なぜもっと威厳のある態度が取れないのかと、緊張しているハジメに終始やさしい言葉をかける担任が疎《うと》ましく思えました。

ハジメはその後も相変わらずです。子どものペースを黙って見守り続けることは、大変な忍耐と努力を必要とします。親が勝手に急き立てるほうがどれだけ楽なことか、と思うようになってきました。

夏休みに、ハジメは中体連の大会で走り幅跳びに出場するようですが、その日程を言ってきません。家族との海水浴と重なっても、本人が何も言わない限り、話を持ち出さないことにしました。

大会前日の朝。出勤前、子ども達に留守中の注意事項を話していると、ハジメが「お母さん、明日いないの?」と、特段慌てた様子もなく尋ねてきました。「そうだよ。今晩は泊まりの仕事ってカレンダーに書いておいたよ」「ふ〜ん」。これで終わりです。翌朝、電話で聞くと、冷蔵庫のご飯がなくなっていて出発はしたようです。仕事を終えて帰宅すると、大会を終えたハジメは何事もなかったようにテレビを見ていました。

「今日はどうだった? どこの競技場だったの?」「大学のグラウンド。僕は行ったことがないところだよ」と、あっさり答えました。「バス賃は部費で賄われたの?」「友達から借りたんだけど、足りるかどうか到着するまでドキドキした」。やっぱりハジメは行き方も考えずに家を出て、お金も持たずにバスに乗った。ドキドキはしたけれど、それで終わってしまったようです。ハジメは、「しまった」と思うことさえなかったように涼しい顔をしていました。

困った私は先生に状況を話し、ハジメに何かが足りないことを気づかせる方法を相談しました。先生から届いた手紙では、今度の山登りはハジメが困るように仕組まれていました。そこには、ハジメが集合時間を決め、昼食を用意し、必要な沢靴を先生に伝えるよう書いてあり、ハジメが動かなければ何事も始まらないようになっていました。五日後には、返事をしなければなりません。

手紙を読む姿は見ましたが、何も言ってきません。私が傍を通ると、「出発時間を決めないといけない。昼食を決めないと」と、独り言なのか話しかけているのかわからない調子で呟いています。尋ねられてはいないので、私は相手をせず通りすぎました。

出発の四日前、仕事から帰るとハジメが何気なく近づいてきて、「山のご飯は焼きそばとコーンスープ」と言ってきました。「フ〜ン」と言って通りすぎると、「先生には木曜日までに言わなくてはいけない」と言いながら後ろをついてきます。それでも知らん顔をしていると、ようやく「先生に言っておいて」と言いました。そこで私は向き直り、「焼きそばとコーンスープだと伝えればいいんだね」と念を押しました。

頷きながら向こうの部屋へ行ったかと思ったら、今度は手紙を持ってきて「沢靴がわからない」。「沢を登れるような靴ではないかしら？」と言うと、「そうか」と感心するだけ。本当に疲れます。少ししてからメモ書きを持ってきました。

私は「沢靴のメモ書きを先生に伝えることと、昼食の材料の準備は引き受けた」と言いました。が、次が来ると待っているのに来ません。部屋をのぞけば、手紙は片付けられていました。これでおしまいのようです。決めなければならない「集合時間」を言いません。

もう倒れそうです。先回りして何も言えないことは本当に疲れます。わが子だからこそ情けないやら悔しいやらで、腹も立ってきました。今夜はこれ以上の進展は望めません。気持ちを落ち着け、サトシとお風呂に入るように怖い顔で静かに言いました。

次の日の夜、「先生から『どの靴かわからない』と返事がきたよ。もっと伝わる方法はないかしら?」。すぐに「写真だ」と言えましたが、明日は先生に連絡できないと言うと、ハジメは「どうしよう、どうしよう」と言うばかりで、どうすればいいのか何も浮かんではこないようでした。

すると、手紙を取り出して読み始め、ようやく集合時間を決めなくてはならないことに気づいたようです。「手紙を受け取った時に読んだけど、気がつかなかった」「どうするの?」。頭を抱えています。何も考えられないのでしょう。電灯もつけずに座ったままです。「先生は集合場所に来るかもしれない。とりあえず出発時間を五時三十分と決めて、その時間に待っている。来ていなかったら電話をかける」「ちょっと待って。そんなに朝早く電話するのは失礼だよ。それにお母さんは先生の電話番号を知らない」「もうだめだ」。また頭を抱え始めました。「八時ぐらいなら電話をかけても失礼にならないと思うよ」「電話番号を調べておいて」。そう頼むのがやっとのように眠りにつきました。

ハジメが集合時間を忘れることは、とっくに予想していました。そこで先生と私は、ハジメを集合場所で待たせておいて、出発を遅らせて下山が夜になるようにと考えました。あえて何も口には出さず、ハジメと一緒に悩んでいる振りをしたのです。ハジメは暗闇の中でも落ち着いて下山できるのか、パニックになれば滑落したり怪我をしたりするかもしれないと先生に言われましたが、それも仕方がないと覚悟するのには時間がかかりました。

出発前夜、「明日はどうするの？」と尋ねると、「五時三十分に市営駐車場へ行って待つ。先生が来なかったら八時に電話をする」「それで、お母さんはどうするの？」「……」。それ以上、何を言っていいのかわからないというふうに頭を抱えました。

「ハジメが五時三十分に市営駐車場へ行くこと、八時には先生に電話をすることもわかりました。それで、お母さんはどうするの？」。もう一度尋ねると、「これ以上何を言うの？」と言い返し、唸り始めました。眉間にしわが寄っています。

「一人で市営駐車場へ行くの？」。ハジメはホッとしたように、「送ってください」と答えました。「わかりました。何時の出発ですか？」「わからない」「見当をつけて教えてよ」。少し考えたふうにして、「五時に乗せていってほしい」とようやく言いました。

長い問答が終わり、やっと準備を始めましたが、途中でアケミの声に反応して中座を繰り返しています。雨具がないと言っていますが、貸してとも何とも言わないので、私は聞こえない振りを決め込みました。

出発の朝、ハジメは寝坊をしました。「予定より遅れたね。先生が待っていたら、本当に申し訳ないね」「ウン」と言うだけで、焦る様子もありません。ただ、事前の打ち合わせ通り、集合場所に到着しても先生の姿はありません。頃合いを見計らい、「もしかしたら、ウチに電話があるかもしれないね」と切り出し、私は一旦自宅へ戻りました。ハジメ一人が集合場所で一時間ほど待つことになりました。

この短いような長い時間に、自分の不注意が身に染みてくれればいいのですが……。寝坊してもあまり急ぐ様子のないハジメに期待するのは贅沢かもしれません。

八時になり、先生が市営駐車場に来られました。すでに日は高くなり、暑い中での出発です。先生からヤブが激しいこと、マムシやアブが出ることを聞いてもハジメの顔は落ち着いていました。なぜ動揺しないのか不思議です。動揺することもないほど頭の中はからっぽなのか、それとも大したことはないと思っているのか。今までのハジメなら、虫と聞いただけで顔が引きつるはずです。摩訶不思議な光景でした。私は夕方五時に迎えに来るように二人から頼まれました。

もちろん、その時間には山から下りてこないとわかってはいますが、とはいえ家にいるのも落ち着きません。夕方五時、待ち合わせ場所に着きましたが、辺りが暗くなるにつれて気が休まりません。持参した本など、とても読んではいられない。車中にいることもできず、近くを行ったり来たりしては、とんでもない場所から下りてくるかもしれないと、暗い山中にヘッドランプの灯りを探してしまう。今頃、暗闇が怖ろしくて立ちすくんでいないか？いや、困難に直面したほうがハジメにとっては良いに決まっている。

下りてきた時、どんな顔で出迎えようか。ヘトヘトで放心状態かもしれない。案外ケロッとしていたら、気が抜けてしまうかも。どちらにしても「おかえり。遅かったね」の一言しか思いつきませんでした。

暗闇の中から現れたハジメは、とても落ち着いて見えました。「おかえり。遅かったね」。軽く頷き、「ただいま」と答えました。車中で二人になった時、「心配したよ。本当に心配したよ」と声をかけると、「ウン」とだけ返ってきました。

翌日、暗くなった時にどう思ったかと尋ねると、「出発時間が遅れたからだ。人の話はよく聞かないといけない」。ドキドキしたとか、怖いとか、しまったという言葉は出てきません。これは、何がしかを感じて反省の気持ちが芽生えたと考えてもいいのでしょうか。

遭難や怪我を心配しながらも、覚悟を決めて子どもを暗い山に送り出しました。この経験を台無しにはできません。私に隠れてハジメの世話をしてくれる義母に、「今後、ハジメの世話を一切しないでほしい。手も口も出さないでください。ただ、ハジメが何か頼んできた時は、手を出していいものか考えた上でしてやってください」とお願いしました。

間違いを自分で気づく難しさ——西木大十

さもあろう。「ハジメのことを話す元気がない」と言った時の佑子の沈痛な表情も、頷けるというものである。学校の机の中にどっさり忘れ物があるとはね。ハジメは「忘れた」とも思っていない。一秒一秒の時間、ずっと他人任せの空中に漂って、なんとなく時が過ぎているのだ。生まれてこの方、そういう星で生きてきた生き物が、急に別の星に移されて生きられるはずはない。

もちろん、これまで注意されたり叱られたりしたこともあっただろう。しかし、コトバは内容と共に示して初めて意味を持つのである。たとえば、何かを大声で言われたとしよう。だが、言われた後に意味のある何事も起こらなかったら、そのコトバは意味を持たない単なる音でしかない。知らない外国語や鳥の鳴き声を耳にするようなものである。単に口やかましく注意したり叱ったりしても無意味なわけである。

普段見聞きしている話し手の振る舞いが、自然に子ども達の手本となっている。

「きちんと話せ」「きちんと片付けよ」の「きちんと」とは、話し手の「話し方」「片付け方」のことである。事実か想像かも区別できない、主語も代名詞も助詞もいい加減な話し手が「きちんと話せ」と言えば、「きちんと」はそのいい加減な話し方のことなのだ。「約束を守れ」とは、話し手の約束の守り方なのだ。然るべき理由もなく約束を守らない話し手の下にあっては、聞き手は約束を守るということを知らないままに育つだろう。

子どもは、親の日頃の有り様のままに育っている。そういうコトバで育つのだ。文化は血よりも濃く遺伝する。両親、家人、さらに広げれば親戚、隣人、学校、町内、周囲の風物などの一切合切の総体が、ハジメが生きてきた星である。どうにもならないと放心していても仕方がない。時期を失わないうちに良き方向へ誘導しておきたい。

ハジメには、自分が放置しておいたことによって、とんでもない出来事が身に降りかかるという経験をさせなければいけない。理屈ではない。叱ることでも注意することでもない。慄《おのの》くという感情を経験させるのである。その感情経験を踏まえて、目の前の事態を招くに至ったいきさつを振り返らせる。喚《わめ》いたり怒鳴ったりしてはならない。目先の喚きに気持ちが逸れてしまえば、せっかくの感情経験を反芻《はんすう》する心が曖昧になってしまう。忘れ物をしたら教室から退席させられる、箸を忘れたら給食が食べられないといったことは良いアイデアだ。でも、学校や先生はしないだろう。

ハジメは中学入学当初の緊張が失われて、だらしない元のハジメに戻ったようだ。小学校から中学校への進学は大きな節目だ。中学校こそ大人への橋のたもとである。自分が今、橋のたもとにいるという緊張と気概を持たせなければならない。漫然とした小学校からの続きで良いわけがない。

節目に乏しい小中高一貫教育には、この意味において弱点がある。たとえ学業が修得しやすくなるとしても、緊張、気概、気力、覚悟といった人間の心性が育つ絶好の機会が失われる。それどころか、その機会を子どもの負担と考えては、人生を子ども部屋の中で終わらせようとするのに等しい。

「中学校は小学校とは違う、事改まった生活の始まりだ」と考える親の思いは、確実に子どもにも通じる。こうした親の意識がなければ、子どもも自分を小学生とは違う自分であると意識できない。

小学校の懇談は母親がふさわしかろうが、中学校は父親の出番である。先生と父の懇談に同席していれば、母親とは違う懇談内容を目にし、大人の世界が手にふれるところにあることを否応なく意識するだろう。それが父親の子育てである。父親と母親が同じように同じことをしていたのでは、親二人の違いが幼子の眼には見えない。そうした中にあって涵養《かんよう》される、つまり自然に子どもの中に刷り込まれる自分についての意識は、あやふやなものになりはしないかと案じられる。

男女は生物が違う。生物の個体はその個体として不変。ボクの指紋は渦、ワタシのは弓。ワタクシは老年、私は若年。自分は雄、私は雌。子どもを産むのは女であって男はできない。生命の危険も引き受けて分娩出産するのは女である。どれほど多くの女が分娩の産褥《さんじょく》熱感染症で亡くなっていったことか。男には何の危険もない。乳を与えて児を育て得るのは女であり、母がいなければ児は日を待たずして死ぬ。出産直後から父などいなくても、母さえいれば児は生きる。母乳を失って死にゆく児を救わんがために、人類は母乳の紛《まが》い物を作った。

生物が違えば文化も異なる。真似は本物ではない。男には、妊娠出産の女の経験はない。乳を吸う児の力を感じることもない。柔肌の褥《しとね》に抱かれ、モーツァルトの子守唄にあやされてマシュマロの乳首から乳飲む児と、堅く粗い筋骨の中に横たわり、野太い低音に鼓膜が震えて硬質のゴムの乳首から乳吸う児とでは、脳に入力されるものは同じではない。

母親には母親しかできない、父親には父親しかできない子育てがある。安全安穏な温かい母親の地球があってこそ、困難に満ちた成層圏へ子どもは飛び立っていける。子育ては幼児期の家事作業ではない。子どもを育てるとは、出産から思春期を越えて、親を離れ、独り立ちする人となるまでの育成である。

だが佑子、何もしてくれないからと言って学校を非難してはならない。そもそも、これは学校に委託することではないからね。家庭で済ませてから入学させるものだよ。学校は読み書きを教えるところだ。こんなことまで学校へ持ち越しては、読み書きを教えられないではないか。

山へ連れていこう。ヘッドランプなどを忘れたら、ルートを迷って夜になり、暗闇の中で遭難してしまおうか？　山の暗さは真の暗黒だ。ルートを探してくるという口実で、暗闇の山中に一人で一時間も待たせておけば、自分のしでかした結果に心底から慄く感情を経験しないだろうか。だけど、真っ暗闇の遭難中にうろたえて、下手をすると大怪我するかもしれないね。でも、親たる者の肚を決めて遭難山行へ連れていこう。

中学校の部活動は運動部が良い。特に、結果の責任が自分だけにある個人競技が良い。たった一点で万事が終わる。わずか一センチで敗れ去る。それまでどれほど努力しようと、どんなに工夫しようと、一瞬の油断や失敗で全てが水の泡になる。出だしから最後までの責任を、自分一人で背負うことが学べるだろう。それこそ、人間が成熟するまでのかけがえのない第一歩と言える。中学生の時代に、単に才能で勝つこと、身体の頑健を競うこと、技能の習得に明け暮れることに意味を求めてはいけない。しかし、今のハジメにはそんなスポーツも猫に小判だ。あたかも川の流れに浮かんで流されながら、目の前を流れゆく木の葉や木切れを手にとって遊んでいるようなものである。

大会当日、友達に借りた金で足りるかどうかドキドキしたことは大事なことだ。不安や心配といった感情が少しは芽生えている。バスに乗れなかったらもっと良かったのに。無事に競技場へ行けたのなら、貴重なドキドキをハジメは忘れてしまいそうだ。ところで、借りた金はすぐ返したのだろうね。

これからも同じようなことが続くだろう。ともかく、ハジメが浮かんでいる水の流れを止めてしまおう。止水にすれば沈む。そうなれば、ハジメも自分の手足で泳がないわけにはいかない。そこで溺れるか、助かるかが分かれ目だ。手足の動かし方は教えよう。まったく何も知らないからね。ハジメは「依頼する」「引き受ける」ことを、そもそも知らないのだ。「何々が要る」「ないかなぁ」などと呪文を独《ひと》り言《ご》ちれば、魔法のランプから要りそうなものがたちまち現れてきていたのだ。

初めて二人で登ったヨドミヶ岳から一年経った。ハジメとの二度目の山行は、夏休み最後の土曜日と決まった。直前ではなく、早めに打ち合わせておこう。そのほうが失敗をやらかすだろう。機を逃さず、自分の迂闊《うかつ》さの結末を受け取らせるのだ。

出発の数日前、「昼食を決めないと」「靴がわからない」と言いながら家の中をうろついていたとはね。呪文を唱えながら魔法のランプを擦《こす》っていたのだ。それに、貸す靴も写真を見て確かめることに気づかせたい。「ハジメからのメモ書きは意味がよくわからない」と伝えてもらうことにした。

「それが大変なの。昼食と沢靴の話だけで精一杯。集合時刻を言わないのよ。手紙を取り出したのにしまっちゃって、後は遊んでるの。何もしないで遊んでいるハジメを見るのが怖いのよ」。佑子のほうがパニックになっている。

ともかく予想通りだね。集合時刻を決めていないのなら、出発時間が遅れて遭難するのに絶好だ。このチャンスは逃せない。今さらハジメが気づいても知らせる方法がないように、先生の電話番号を知らないとでも伝えてもらおう。「それでも何も言い出さなかったらどうしよう?」。佑子のほうが心配している。

当日の朝も寝坊したそうだが、事前の打ち合わせ通り、いつもの集合場所にハジメを一人残して、佑子は一旦家に戻った。そこで一人で待っていたわけだが、少しは堪《こた》えただろうか? 佑子によれば、駐車場の隅に座って、平気な顔で朝弁当を食べ始めたそうだが……。

登り口で、集合の遅れを咎《とが》めた。「ハジメ、いったいこれはどうしたことだ! 君には考えがないのか?」「考えています」「すると、君の考えは幼稚園並みだ。中学生じゃないのか?」。佑子がそっとメモを手渡してきた。ヘッドランプを忘れてはいないと書いてあった。まずいね。夜になってルートを探してくる間、一人で暗闇の中に待たせておく真っ暗経験はできそうにない。

とにもかくにも、ようやく出発と相成った。もうじき昼だ。こちらから谷を登り、ひと山越えて向こう側の山道を下る目論見である。夕方五時、向こう側の下山口に迎えに来てもらう手筈にした。

やっと林道から谷へ下りた。蒸し暑いが水の中は心地よい。蜘蛛の巣をどうするかと見ていると、ハジメは立ち止まりもせず体で巣を突き切った。これはまたどうしたことだろう。蛙を見ても、「先生、蛙がいる」と言うだけで怖がりもしなかった。

ハジメに先頭を行かせた。濡れないように気を配りながら歩いているようだ。「水の中に良い足場があるよ。濡れるのを気にしないで行きなさい」。途端にスピードアップした。ところが、小滝に差し掛かると、前しか見ていないハジメはルートが見いだせず、もたついている。「ハジメ、上下左右前後、ぐるりと周りを見回すんだ。ちょっと振り返ってごらん。そこから上へ行けそうじゃないか?」。

そこから先は最後まで、ハジメはルートをつないで先頭を行った。山中だけでなく普段の生活でも、時間や周りを見渡しながら、自ら考えて動けるようになるだろうか？　それが身につくには、普段もそのように促される状況が必要だ。

単純にあれこれコトバで注意したり指図したり、事が終わってから指摘するだけでは、子どもは萎縮してしまう。神経質に失敗を気にするばかりの臆病人間になってしまう。子どもが積極的に行動している最中に、行動と並行して注意すれば、自らの行いをその場で振り返って、誤りを正すことができる。登山という特別な状況だけでなく、日々の行動全てがそうした経験でなければならない。それなのに、為すべきことを他人が先にやってしまっては、毎日少しずつ子どもに毒を盛っているのと変わらない。

「少し休もうか?」「別に」。どんどん先を行くハジメ。これはまずい。頂上まであと二百メートルほど。この調子では四時前には頂上に着いてしまう。そうなれば、暗闇遭難を仕組めない。いずれにせよ、ヘッドランプは持っているので遭難は難しい。

谷水が切れてヤブ地帯に入った。「前に行った谷の上もこんな感じだった」。そう余裕で話しながら、ハジメは平坦部のツル草に苦労している。「なるべく木のあるほうへ行くといい」「先生、あとどのくらい?」「これを登りきったら道があると思うけど」「やぁ、道だ!」。さすがにハジメも声音が違った。谷を登り、ヤブを分けてきた身には、踏み跡さえも立派な高速道路だ。

ハジメはフィルムを取り替えて、無言でカメラを差し出してきた。ここで黙って受け取っては、呪文がコトバとして通用してしまう。「ハジメ、人にものを頼む時は『お願いします』と必ず言うんだよ。そして、相手が引き受けたかどうかも確かめないといけない」「先生、持っていてください」「よし」。

予定よりも早く頂上に着いてしまった。食事の準備をしていると雨がぱらつき始めた。しめた！　雨具を忘れたはずだ。晩夏といえども、山の雨は体を冷やす。ずぶ濡れの寒さに震えるといい。ハジメは委細構わず焼きそばを頬張っている。

じきに雨も止んで薄日が差してきた。なかなか遭難できない。まだ日暮れには間がある。日没は七時だから、ここでたっぷりねばりたい。食後に居眠りしたが、やがてハジメに起こされてしまった。引き延ばすわけにもいかない。

できるかぎりのんびり歩いた。山稜の尾根道のあちこちにガスがかかっている。「やぁ、これが雲かぁ！　雲の中にいるんだね！」。ハジメは喜色満面である。尾根と別れて道は谷沿いになった。薄暗くなり始めると、先行するハジメはゆっくり歩く私を急かすように何度も後ろを振り返った。「暗くなってからでは手元も見づらいから、今のうちにヘッドランプを準備しておこう」。

谷を渡り返しながら急峻な下りルートに入った。所々にロープが吊るしてある。ハジメはロープを掴みながら、迷うことなく踏み跡を探し出して下りていく。ずいぶん山に慣れたものだ。だが、慣れは単に技能である。精神とは違う。ハジメには精神が育っていない。

ようやく七時近くなり、足元が見えづらくなったかと思うとすぐに真っ暗になった。ヘッドランプを揺らしながら下っていると、ハジメが叫んだ。「先生、灯りが見える！」。遠く下方に灯りがちらついた。

暗くて周囲が窺えない。誰かが近づいてくる気配がした。「お母さんだろうか？」「うーん、どうかな……。やぁ、お母さんだ！」「おかえりなさい。遅かったわね」「ただいま。ハジメ、下山の握手の写真を撮ってもらおう」。真っ暗闇の中で握手した。

【先生の手紙・一】

ハジメ君

ヨドミヶ岳以来、一年ぶりですね。

一　行き先はソラガイ山です。ソラガイ谷という谷を五時間ほど登って頂上に出ます。頂上には櫓《やぐら》があり、登山道もきています。下りは登山道をコハル村側に下りますが、多分二時間もあれば下りられます。

二　昼食は君が用意してください。料理道具は先生が持っていきますから、あらかじめ料理を木曜日までに教えてください。木曜までに連絡がない時は、料理道具も君が用意するものと判断して先生は持っていきません。

三　君が準備するものは以下の通り。昼食材料、水筒ないしはペットボトル、ヘルメット、ヘッドランプ、雨具、軍手、甘いおやつ、濡れた時の着替えの下着上下、下りてきた時の着替え一式。ビニール袋に入れて濡れないようにしてください。

四　君の沢靴は先生の物を貸します。どの靴を貸せばよいのかを、間違えのないように、木曜までに教えてください。連絡がない時は、君が自分用のものを用意したので貸さなくてもよいと判断して持っていきません。

五　当日朝、市営駐車場で待ち合わせましょう。待ち合わせの時間は君が決めて、木曜までに教えてください。朝食は済ませてきてください。お母さんに送ってもらって、帰りはコハル村に迎えに来ていただきましょう。

六　他に知りたいことがあれば連絡ください。

山の先生

【先生の手紙・二】

ハジメ君

先日のソラガイ山から早くも二週間が過ぎて、二学期が始まりましたね。学校で遭難していませんか？　あのソラガイ山は、君の失態で遭難と間違われそうな夜の下山でした。君にとっては不本意な山行きだったことでしょう。

むかしの日本では、武将の子は十五歳になると元服して一人前の大人として扱われたのです。他の民族にも、子どもが大人として扱われることになる儀式が様々あります。今の日本では成人式が儀式ですが、たんに式があるだけで、大人としての責任を担う力がある人間になったわけではありません。

君はまだ十五歳ではないけれど、あと二、三年でそうなる中学生ですね。しかし残念なことに、ソラガイ山へ行く前の君はまだ幼稚園児と同じ程度でした。君は幼稚園児として扱われます。もし、この汚名をそそぐ力があるなら、その力を先生に見せてください。

次は君が、いっさいの計画を立てて実行するのです。どこに登るか？　どこから登るか？　どこへ下りるか？　何時に出発するか？　何を用意して持っていくか？　全部君が考えて決めるのです。

もし君がそのような計画を立てたなら、先生はどこへでも君に付き合います。助言もいたしましょう。君の計画に必要な山の道具も先生がお貸ししましょう（君にはわからないこともありますから）。と言っても、山は広いので、取っかかりがないと途方に暮れるでしょう。

そこで最初の助言ですが、『○○』という二万五千分の一の地図の中から、登る山を考えるとよいでしょう。地図をよく読んで計画がまとまったら、実行する前に一度、先生と検討しましょう。水に濡れても寒くないように十月前半までに出かけるとよいと思います。

その気があるのなら地図を渡しますから、連絡をください。

山の先生

第十三話

オオタルミ

◆一九九九年　秋麗◆

山の計画　一人で立てたぞ！

小さいけれど大きな一歩――花崎佑子

前回のソラガイ山は、ハジメの不注意で暗くなってからの下山となりました。その経験を忘れないうちにもう一度、注意を怠らない山登りをさせようと計画しました。

中学校の二学期が始まった頃、山の先生から手紙が届きました。「前回の汚名をそそぐ気概を見せてほしい。登る山を決めて、全ての計画をハジメが立てるように」とあり、計画書ができたら打ち合わせをすることになりました。ところが、こちらが待ち構えていても何も言ってきません。しびれを切らしてハジメに尋ねました。「どうしたの？」「……」「行きたいの？　行きたくないの？」「……」。話が進みません。

「僕が全部一人で決めるなんて……無理だ」「行きたいのなら、行けるように考えてごらんよ」「遭難するかもしれない」。うつむいたまま私の顔を見ようとしないハジメの中に、前回の失敗が残っているのだと気づき、嬉しく思いました。「先生だって遭難はしたくないよ。どうするの？」。重ねて尋ねると「行く」と言い、私は地図を調べ始めたハジメを残して部屋を出ました。

夜になり、家事の手が空いた私を追いかけてきたハジメが、「登る山を決めたよ」と地図で場所を示し、「それでね」と地図から読み取ったことを話し始めました。「ところでいつ登るの？　お母さんも先生も予定があるから早めに日程を組んでね」。登る山を決めたハジメは少し興奮し、まだ計画を立てるどころではないようでした。

先生の都合も考え、九月後半の希望日を複数挙げたところ、先生から早々に返事が来ました。計画が立てられるかと不安に思っているハジメのために、計画の立て方も書いてありました。ただ、手紙を受け取ったハジメの表情は硬く、急ぐどころか顔を伏せてしまい、なかなか取りかかろうとはしません。今までしたこともない大事業に「だめだ。できない」という気持ちでいっぱいなのでしょう。動かないハジメの心を引き起こさなければなりません。ここで諦めさせてはいけない。ソラガイ山の経験まで無駄になってしまうと思いました。「どうしたの？　行きたい気持ちを大切にしよう。最初からできないと決めつけないで、まず取りかかろう」「……無理だ」。そう言ったまま、何も答えないハジメに向かって話し続けても、なかなか顔が上がりません。自分でも次第に声が大きくなっているのがわかります。

ひと息ついてから、「先生もハジメならできると思ったのよ。やってみようよ」。そう言ってハジメの背中に手をかけると、ようやく動き始めました。もう大丈夫かな？

無理強いをせず、子どもをやる気にさせるのはどれほどエネルギーが要ることでしょう。怒ってはいけない、怒っては何もかもおしまいになると自分に言い聞かせながら考えることは、本当に疲れます。何も考えず体だけを動かし、目の前のことを片付けるほうが余程楽だと思いました。

ハジメは机に向かい、先生の手紙に何やら書き始めました。出発時間や頂上までの時間はどうにか書けましたが、持ち物が思いつかないようでした。「持ち物は名前がわからない」。そこで、順番に考えてみようと話しかけました。「登る時、食事、下りる時に必要な物は何だろう？」「トラブルが起きた時に要る物は？」。そう言うと、「お母さんは、どうしてそんなに次から次へと出てくるの？　すごいね」と感心しています。

「トラブルって？」「例えば、雨が降ってきたら？」「暗くなったら？」「あぁ、そういうことか」。持ち物についても、自分が持参する物、先生に借りる物の色分けをしています。借りる物をちゃんと頼むことはわかったようです。

「できた！」。そう言うと、先生の手紙に書き込んだメモを見せてきました。「大丈夫みたいね。それで、清書はこれからするの？」「エエッ？　これが清書だよ」「計画書は新しい紙に、誰にもわかるように書くことが必要なの」と言うと、「そうか」と机に向かいました。

自分で書いたものを人に見てもらうことが初めてで、気がつかなかったのでしょうか。まだ教えていないことがたくさんあるようで、どきりとした瞬間でした。

先生との打ち合わせの日。ハジメは、前日に荷物を整えてあったので、すぐに出かけることができました。先生の話を聞いているハジメは、いつもより姿勢を正し、表情や態度にも緊張が見え隠れしています。清書した計画書は特に手直しすることもなく合格となり、私もハジメもホッとしました。

ただ、出発前夜、テレビのニュースでは台風による各地の被害が報じられていました。気象情報を確認し、翌日も大雨の予報なのでやむなく中止を決めましたが、先生の提案で、下見と称して登り口付近を見に行きました。

山登りは十月初旬に延期されました。前日、普段は学校から帰るとすぐにどこかへ出かけていくはずのハジメが家にいました。「どうしたの？」「何言ってるの。明日の準備があるのに出かけるわけがないじゃない」と言われてしまいました。

ハジメは三時になると、電池と昼食を買いに出ていきました。そっと部屋をのぞくと、計画書の前に荷物が置いてあります。計画書に書いてある順に並べてあるようですが、まさか電池を並べる順番が来て、そこで無いことに気づき急いで出かけたのではと心配しました。まさかと思うことをするから怖いのです。それとなく計画書と荷物を見合わせると、どうやら全てを並べ終えてから無い物を確認して出かけたようでした。

早々に夕食を済ませたハジメは、お風呂に入り、気がつくとパジャマ姿でした。私のほうがいつもとは違うハジメの早さについていけず、こっそり荷物を調べる機会を失ってしまいました。

当日、起床時間に声をかけるとすぐに起き出し、私のほうが追い立てられるなど、いつもとは勝手が違います。登り口に着くと、ハジメは促されることなく自分でロープを腰に巻きつけながら身支度を整え、出発の挨拶をして出かけていきました。まだまだ筋が一本入っているとは言えませんが、それでも彼なりの真面目な顔をしています。良い経験になるように祈り、見送りました。

十月になり、日没は早くなっています。予定よりも早めに迎えの場所に到着した私は、日暮れの三十分前には落ち着いてはいられませんでした。日が暮れても下りてこない時はどうしようか。思案していると、遠くで笛の音が響きました。車から飛び出し、笛の音がした方向を探します。クラクションで応えようかと考えましたが、ハジメと先生の合図かもしれない、邪魔をしてはいけないと思い直しました。

前方にある高い堰の上にハジメの姿が見えました。安堵しながらも、私の姿に気を取られて落ちるかもしれないと思い、息を潜めました。しばらくすると、右手の木立の間に人の動く気配がして、また笛の音がしました。もう大丈夫だろうとクラクションで応えました。

ハジメが近づいてきました。「おかえり」と言うが早いか、「疲れたぁー。お母さん、写真が撮れなかった」という一言。「一枚も撮れなかったの？　残念ね」。ハジメよりも私のほうが残念がっているようでした。写真のことしか話さないのは、感情の乏しいハジメなりの悔しい気持ちの表れなのか。それとも、カメラ以外に話すことはないのか。力を使いきった後の清々しい感情を持っているのかしらと、心配の種がまた増えました。

自分で計画　実行　達成　得た自信――西木大十

誰しも自分の利益を思うのは当然のことである。そこで問題となるのは、何が自分の利益かである。一方には、子どもの権利や学校の義務などといった話に精を出す人もいるだろう。他方には、人間としての成長のために、発声筋肉よりも精神エネルギーを投入する人もいるだろう。それぞれがその人なりの利益である。ともあれ、他人任せにしていては、日が暮れて遭難する。

ソラガイ山では中途半端に終わってしまった。今度は計画の最初からハジメに決めさせる山行をしよう。どの山に、どうやって、いつ行くか、全てをハジメに決めさせるのである。佑子が話してくれたように、それほどまで心暗くためらっていたとは思いもしなかった。よくぞ忍耐してハジメをこの山行に誘い込んだものだ。しかし、ハジメは「計画する」とは何をすることかがわかっていない。まずそこから始めよう。

打ち合わせの日、レストランで計画書を手渡された。ハジメがまとめた登山計画書「ザ・マウンテン」は、ノート用紙一枚に小さな字で詳細が記されていた。当然、母親の手助けがあっただろう。読み始めると二人は黙って待っている。緊張が手に取るようにわかる。「ハジメ、よくこれだけの計画を立てられたね」。ハジメは嬉しそうな表情をして、ちらっと母親の顔を見た。佑子は知らん顔をしていた。

まずは装備のチェックから始めた。「個数が書いてないものがある。個数を書くのだよ」。順番に指摘している最中に、ハジメは運ばれてきた食べ物や周りの客につと目を走らせた。「ハジメ、続けていいか?」「……はい」。またまた目を逸らせた。「ハジメ、聞いていたか?」「……はい」。人の話を注意して聞いていられない。ひと区切りして食事を始めた。「さて、行く山を地図で見せてもらう前に、地図の正しい畳み方を教えよう」。手本を示すと、ハジメはすぐ躓いた。今この瞬間、目に映ったことはできるが、次がわからない。理解が小刻みで、順序やしくみといった全体を頭に入れることができないのだ。「全部を頭に入れてから始めなさい」。もう一度、一から手順を説明した。何度も首をひねり、手順を思い出しながら折り畳んでいく。佑子は終始黙っていた。

「ハジメ、お母さんに迎えの場所を説明しよう」「朝に送り届ける場所はわかるけれど、迎えの場所がわかりにくいの」。佑子の心配は増幅したらしい。

「さあ、最後に天候だ。台風はどうなっている?」。当日は大雨予報で、結局、山行きは延期としたが、その代わり、翌日に台風後の山の様子を見に行くことにした。ハジメは一人で川原へ下りていった。道路脇の斜面で物音がした。小グマが途中まで下りてきたが、佑子に気づくと戻っていった。「ハジメは何してるの?」「水遊びよ。あれを小さい時からずっとしているの。将来は道路工事をやりたいって言っていたことがあったわ」「工事作業と建築建設の違いを説明しないといけないよ」。

田舎のレストランに入った。魚がきた。ハジメは少ししか箸をつけない。「魚はどうも……」「何だって?　偏食はだめだよ」。ほとんど残して庭に出ていった。「偏食なんて論外だよ」「この母親だから無理もないわね」。佑子が自嘲した。幼児期に偏食しない親といれば、偏食なんてしないものだ。この際、行儀は問題ではない。手摑みでもいい。子どもにとっては触覚も味覚も探検である。熱さ、冷たさ、堅さ、軟らかさを実感するのだ。

食べ物だけではない。こうして世界の諸々の事物を自分から見知っていく力と、そこから得た知識の集積が人間能力の基本である。作法は長じた時にふさわしい作法を段階的に教えればいい。行儀は長ずるにつれて意味を了解してくるもので、幼児をロボットのような物真似機械にするものではない。

「苦手な物を食べなかった時はどうしてる?」「卵焼き作ってと言うから作ってやるのよ」「そりゃ、だめだよ」。苦手な食べ物であろうとなかろうと、いやしくも母が工夫して調理した料理である。それを食べないとは何事だ!

延期した山行きは次週十月初旬の日曜日と決まった。

谷を渡りひと登りした堰堤《えんてい》の上から、向こう岸にいる母親に手を振って山へ入った。「ハジメ、今日は君がリーダーだ。地図と磁石で確かめながら行くんだよ。それから、熊除けに時々笛を鳴らしてね」。慣れたものでハジメはぐんぐん登っていく。谷の分岐に来るたびに、ヘルメット帽の下から地図を取り出して、首に下げた磁石で方向を測っている。「先生、今ここだと思うけど」「そうだね」。

滝の前でハジメのザックからカメラを取り出した。「ハジメ、ここで君を撮ろう」。なんとシャッターが切れなかった。「どうしたの?」「ううむ……」。ハジメは片方の軍手を外すと、何も言わず軍手をこちらに差し出した。魔法のランプだ。前回のカメラの時と同じく、人にものを頼む時のルールが頭にない。知らぬ顔をした。ふと気づいて引っ込めた後、もう一方の軍手を外し、またもやった！ 再び気づいて、ようやくポケットへ軍手をねじ込んだ。身についた習慣だね。習慣が改まるのは容易じゃないよ。カメラはやはりシャッターが切れない。準備の際に確認していれば、わかったはずだろう。「ザ・マウンテン」山行に写真がない残念な感情をたっぷり味わうといい。

谷の両側は急崖《きゅうがい》である。岩壁の廊下状のところもあれば、灌木が繁った緑の斜面のところもある。側壁からシャワーのように滝が落ちている。「先生、今の高度は?」「高度計で七百五十メートル」「あの辺りは地図のここかな」「目の前の角度だけ見ていたのではだめだよ。

遠くを見てごらん。山が割れて谷の全体の方角がわかるだろう？　常に全体を見るんだ。遠くを見て考えるんだよ」。

水も細くなった。辺りは大木、灌木の緑一色である。「山の中って、ほんとに音がしない。静かだな」。ハジメは呟くように言った。高度は千メートルに近づいた。もう地図には何も表現されていない。「ハジメ、どっちに行くの？」「南南西はこっちだな。どっちにしようか？」「リーダーに任せた」。上でヤブが薄いほうのヒントを与えた。ハジメは考えながら行く手を決めた。チシマザサも出てきた。

いよいよ頂上台地に取りついた。身の丈を超す笹が起伏の少ない台地を覆っている。ナラやブナの大木が散立して空を隠している。「南南西はこっちだ！」。ハジメは先頭に立ち、後先見えない笹ヤブを漕ぎ、蔓《つる》ヤブをくぐり引きちぎって進んだ。「クモさん、来るな。あっちへ行って」と騒いでいたのは、つい一年半前だったか。行けども行けどもヤブの中。一時間ほどして、ようやく台地の反対側の端に出た。眼前がパッと開けた。

「あれがソラガイ山だ。この間はあの頂上に登ったんだ！」「やぁ、ダム湖が見える！」。ハジメも興奮している。

「ハジメ、木登りしてよ。三角点の周りはヤブが払ってあるはずだから、そういうところが見えないか？」「何もわからない」。もう昼に近い。あまりのんびりはしていられない。再び笹ヤブを分け入って進む。「先生、待って。どこ？」「大丈夫、姿は見えなくてもどこにいるかは声でわかるよ」。ハジメは木登りを繰り返した。「何か見える？」「見えない」。

ふと足元に眼を落とした。「三角点だ！」。切り払われてもいないヤブに埋もれていた。ハジメは手渡した鉈で枝葉を切り払い、二人が座れる場所を作った。もう十二時をとうに過ぎていた。たっぷり五時間かかった。パンを頬張ると、すぐに下山にかかった。

下りもハジメが先頭だ。「南南東に行けば谷に出る。先生、こっちです」。台地の端から急崖だった。「急だぁ、下が見えない！」。ハジメが叫んだ。「木枝に摑まって下りよう。枯れ枝に気をつけて！」「足が地面につかないよう！」。騒ぎながらも、どんどん下っていく。

不意に、横手から獣の唸り声が聞こえた。「先生、先に行って」「いや、君が行くんだ」「でも、怖いよ」「そっと行けば大丈夫。多分、イノシシだよ。警戒して唸っているんだ。このまま静かに遠ざかれば襲ってこないよ」。こちらが少し動くたびに唸り声がした。「熊も鹿も、きっと我々をひそかに見てるよ。こちらからはわからないけど、ここは元々彼らの土地だ」。

水の流れる場所に出た。後は大したことはない、と思ったのは早合点。実はここから先が大変だった。勾配《こうばい》も緩みがちな谷を、浮き石に気をつけながらハジメは丁寧に下っていく。不意に勾配が急変した。目で追うと、急な草つき斜面が十五メートルほど続いた先からすっぱり地面が消えていた。間違いなく大滝である。

ザイルにつないで、まずはハジメを滝の落ち口まで下ろした。「そこの木に跨がって待ってろよ！」。体にロープを巻きつけ、肩がらみ懸垂下降でハジメに合流。その先の滝は真っ直ぐに落ちて下も見えない。さて、どうやってハジメを下ろしたものか。

脇の斜面に移動して、滝横の安全な尾根までトラバースしよう。ハジメもなんとかトラバースしてきた。そこからはまたザイル二回分下降して、やっと谷底に下りついた。難所となったこの滝を境にして、谷は徐々に平凡になっていった。「先生、高度は？」「六百五十メートル」「あと少しで道がある」。リーダーの声も元気を取り戻してきたようだ。

秋の日没は急峻である。夕暮れの柔らかな光になってきた。「あそこを曲がると道だよ」。ハジメは地図を見ながら力強く言った。しかし、道はなかった。草ヤブを探しても道らしいものはなかった。「急ごう。暗くなる」。谷が大きく屈曲するところで、片側がきれいに作られた道のように見えた。「あれが道だ！」。ハジメが喜びの声を上げた。だが、出水でできた堆積に過ぎなかった。

その堆積部を曲がりきった途端、地図にない堰堤があった。「着いた！」。今度こそ小道があった。その下には車道が見え隠れしている。「お母さん、いるかな？　車が見えない」「笛を鳴らしてみろよ」。

夕茜の気配が漂う静かな空に、ハジメの笛が鳴り響いた。少し間があってから車のクラクションが笛に応えた。ハジメは急ぎ足で小道を下りていった。

【先生の手紙】

ハジメ君

君のお母さんから伝言を受け取りました。十月も下旬になると日が早く暮れますので、九月のほうが良いと思います。ただ君は、九月二十三日までは間がないので、計画準備ができないことを心配しているそうですね。次の日曜、月曜、火曜のいずれかに先生と打ち合わせができれば、今月二十三日に間に合います。

君は今まで計画というものを独力で立てたことがないでしょうね。だから心配しているのでしょう。計画の立て方を説明するので、二十三日に行けるように考えませんか？ ただし、天候が良くなければ延期です。

計画は次の事柄を決めることです。「誰が」「いつ」「どこで」「何を」「どのように」するか？ 英語では [Who] [When] [Where] [What] [How] です。山行に限らず、大人の仕事では何でもいつもこのように計画を考えているのです。会社でも、役所でも、病院でも、戦争でも、泥棒でも、同じです。

では、山行の計画について話します。次の項目を一覧表にして記入してください。はっきりしないこと、例えば所要時間などは、君が想像した時間を書き入れてください。君が作った計画表を先生と検討して最終計画を作りましょう。

（計画書のタイトル）

一　目標

①行き先（目的の山）、②日程

二　登山

①集合場所と時間、②登るルートと登り口（登りの予想所要時間）、③下山ルートと下山場所（下りの予想所要時間）、④登り口までと下山場所からの移動方法

三　装備

①登山具、②衣類、③履き物、④料理道具と食器、⑤その他

四　食料

①昼食、②間食と行動食、③飲み物

以上、山の先生

第十四話

サカダシの滝

◆一九九九年　晩秋◆　一人になっても私は還る

まだまだ幼い日頃の子ども——花崎佑子

アケミは忙しかった夏休みも、秋の運動会や修学旅行も終えました。十月の最後には、苦手の算数で一学期からの目標だった百点満点も取りました。

十一月に入ると、気が抜けて暇を持て余したのか、サトシ相手に悪態をついています。私が一人でいるとなんとはなしに近づいてきますが、こちらが近づこうとすれば忙《せわ》しげな素振りを見せます。

休みの日、母子四人で島巡りの遊覧船に乗りにいくと、ハジメは相変わらず傍若無人、気ままに振る舞っています。いつもアケミに遠慮していたサトシは、当然のように私の手を握って歩きます。

そんな二人を横目に、アケミは私に近づこうとせず、船に乗ろうと走り始めても、「イヤだ」と言って遅れてついてくる始末です。どこか不安定なアケミの様子を見ると、やっぱり二人きりで山へ登るのが良さそうです。アケミは船上から双眼鏡で遠くの山をずっと眺めていました。

家に戻り、「山へ行こうって、先生からお誘いがあったよ」。声をかけると、いい顔をしません。友達と遊ぶかもしれないと返事をはぐらかしました。「また山へ行きたくない？」と声をかけると、「先生は歩くのが速い。ヒサゴ岳は怖かった。話すことがない」と言って黙り込みました。「山へ行きたくないの？」「行きたい。でも……。お母さんも一緒なら行く」「お母さんは誘われていないよ。先生はアケミを誘っているのよ」「……」。結局、答えてくれませんでした。

このところ、私と二人でいる時間が少なかったこともあり、ただ一緒にいたいだけなのかもしれません。でも、そんな気持ちをうまく表現できないようです。翌日も「山には行きたくない」「お母さんと一緒なら行く」の繰り返し。モヤモヤしているアケミの気持ちを言葉にしようと、順に話を進めました。

「お母さんと一緒にどこかへ出かけたいの？」「ウン」「お母さんと一緒なら、どこでもいいのね？」「ウン」「二人きりがいいの？」「ウン」「わかった。じゃあ山でなくてもいいね」「……。ウン」「どこがいいかな。遊ぶところ？　何か見に出かける？」「……山もいい」

「……山もいい。それなら、山でなくてもいいのね」。少し黙って「……山がいい」「お母さんが連れていける山はキンポウ山だけど、いい？」「……」。アケミは少し首をひねりました。私は「もっと面白そうな山がいいのでしょう？　そうなると、先生に連れていってもらわないと無理だね」。アケミは頷きながら「先生は一緒でも仕方がない」と言います。

「わかった。アケミはお母さんと一緒に行きたい。行くのは山がいい。そのために先生に連れていってもらう。これでいいのかな？　明日、先生に頼んでみるね」。「来ていいのは先生までだよ」と念を押されました。

翌日、アケミのほうから先生の返事を尋ねてきました。私と一緒に出かけられることになり、上機嫌です。「お母さん、ゆっくり歩いてあげるね。一緒ならやさしい山だね。お昼は……」と嬉しそうに話しました。

山は紅葉が始まり、人気のない沢に下りると別世界にいるようでした。先生は釣り竿を持って先を進みます。私とアケミだけの二人きりの世界になりました。

今回はキノコ狩りをしようと、先生から図鑑を借り、食べられるキノコを探すことにしました。小さいキノコを見つけましたが、本にはたくさんの種類が載っていて何だかわかりません。もう本に頼るのをやめて、とにかく採っていこうと歩き出しました。

先生に呼ばれて近づくと、大きなキノコが一つ生えています。「紫シメジ」。アケミが言いました。見ていないようで本を見ていたのです。先生から、つぼ、つば、傘などの特徴を見て、本に書いてある分類ごとに調べる方法を教えてもらうと、アケミは本をじっと見ています。以前のように、簡単に「知らない。わからない」とは言いません。私が手を出そうとすると嫌がりました。残念ながら、見つけたのは紫シメジではありませんでしたが、それからもあちこち探しながら進みました。

倒木にキノコを見つけた私が「アケミ！　あった！」と言うと一目散に走ってきて、その特徴を丁寧に本と照らし合わせています。傘の裏をこちらに向けながら、アケミが「ムキタケ」と言いました。本には毒性の「ツキヨタケ」と間違わないように、と書いてあります。もう一度、ムキタケの項目を読んで確かめました。

調べるために触りすぎたせいか、とてもおいしそうには見えませんでしたが、アケミは嬉しそうに袋に入れました。アケミが一つの物をこれほどつぶさに見入ったのは初めてのこと。その上、答えが出たのですから、嬉しいに違いありません。

いよいよサカダシの滝に近づきました。荷物を置いて見に行くと滝は見上げる高さで、巨大な棒のようにまっすぐ水が落ちています。アケミが「わぁ！」と声を上げ、傍に近づいて水の勢いに驚いています。写真を撮ってもらう時、アケミは「先生、大丈夫かしら。落ちないかしら」と言い、「お母さん、ここなら先生がいなくてもなんとか帰れるね。私、頑張って歩くよ」と言いました。

ふと、ヒサゴ岳から戻った夜、アケミが「先生が転んだんだよ。先生が怪我をしたらどうしようかと思った」と言ったことを思い出しました。ヒサゴ岳では、難しくて大変なところを登っている、先生なしではどうしようもないと感じるほど怖い思いをしたのでしょうか。そのことも今回、一人で行くのをためらった理由の一つだったのかと思いました。

昼食後、本流へ流れ込んでいる支流の細い沢を先生の案内で登りました。横倒しの大木、大きな岩が目立ちました。いつもは私を置いて先に進んでいくのに、帰り道になってもアケミは私から離れません。話しかけるでもなく、国語で習った宮沢賢治の『やまなし』を暗唱しています。

「お母さん、クラムボンは泡だと思うの」「そう言われるとぴったりくるね」「そうでしょう。学校の先生は、自分の思ったものでいいのよって言うの」「魚の子ども達は、見たものや聞いた音、思ったことを一生懸命に言ってるんだね。わからないからきっと一生懸命に見てたんだよ。さっきのキノコみたい」「魚には本がないもんね」。

お喋りしながら、二人でわざと水に入ったり、飛び越えたりとはしゃぎながら進んでいると、あっという間に往きに下った岩場までたどり着きました。「もうすぐね」と言うアケミは、少し緊張しているのでしょうか。

先陣を切って先生がロープを持って登り始めると、「先生が落ちても、私、頑張って登るから」とアケミが呟きました。今日はこれで四回目です。一回目、二回目は聞き流していた私も、前回のヒサゴ岳ではそんなことを考えながら登っていたのかしら、余程怖かったのかと思いつつ、「とにかく今は丁寧に一つひとつ登ろうよ」と岩場を見上げました。

　アケミが先に登り始めました。ロープで確保されていても落ちてくるかもしれません。次に登り始めた私は、手足の置き場がないと感じ、少し怖くなりました。とはいえ、そこに留まることもできません。上に登るしかないと覚悟を決めると、気持ちも自然に落ち着いてきました。

　最後の岩のこぶを越えた所で私がロープを持っていると、姿の見えない先生から大きな声が聞こえてきました。何を言っているのか聞き取れません。手を休めると、少し離れていたアケミが真剣な顔をして走り寄り、「お母さん！　引っ張るの！」と言うが早いか、すごい勢いでロープを手繰り寄せました。呆気に取られるほどの速さです。

　その瞬間、ヒサゴ岳でのアケミは帰れないかもしれないという不安の中、自分がすべきこと、できることを、気を抜くことなくやり遂げた経験をしたのだと、私は得心しました。それほどの緊張が解けたのだと考えれば、あの時、帰りの車中の異様な騒ぎようもなんとなくわかる気がしました。

　夕食はアケミの希望でうどん屋さんに入りました。注文する際、急にアケミの口が重くなり、表情が強張りました。「お母さん、言ってよ」「自分で言えるよ」。先生と私が注文し、次はアケミ。何も言えません。店員さんも少し困った顔をしながら待っています。とうとう、やり取りを見ていて気を利かせた店員さんに、「玉子丼ですね」と言われてしまいました。

食べ終えるとアケミはさっさと車に戻り、「早くしてよ。家に帰りたい」としか言いません。結局、先生にお礼の挨拶もせず家に到着し、振り向きもしないで車を下りていきました。

私は良い調子で山を下りてきたのにと、悔しくて仕方がありません。自分が注文を言えなかったことと、山へ連れていってもらったことは別の話です。山では楽しく過ごしたのだから。六年生なら、それくらいの分別があってもいいと、また腹が立ってきました。

ところが、アケミのほうは気持ちを切り替えていたのか、玄関に入るとすぐに荷物運びをしています。「さっきの態度は恥ずかしい。先生に挨拶もせず下りていったのは、六年生とは思えない」。そう言うと、「言わなかった？　ありがとうございましたと伝えておいて」。その返答に気の抜けてしまった私は、「欲しい物は自分で手に入れなさい。ちゃんとお母さんは見ているから」と言葉を添えるだけになりました。

物真似から本物へ　親の忍耐――西木大十

この夏はハジメを二回も山へ連れ出した。次はアケミを連れ出さないわけにはいかない。なにせ変貌甚だしいと評判のアケミである。ヒサゴ岳の後、算数でも満点だった。

そのアケミが「お母さんと一緒に行きたい」と言っているらしい。しばらくは他人ともよく話し、虫も怖がらなかったアケミだが、ヒサゴ岳では蛙や虫を怖がったし、このところまた他人と口をきけなくなったようだ。

おさな返りだね。無理強いをしないほうがいい。ひとりで浮上してくるまで、じっと待つのだ。親もその中に留まって一緒に待つのだ。待っていられるか？　親の見識と忍耐が試される。今度浮上してくる時は、人格自体の変貌を伴うだろう。つまりは「ほんもの」になるのだ。

アケミはいまだ自分の気持ちを上手に言語化できない。だから、押し黙ったり、矛盾を口にしたりする。最初は、母親と一緒に行きたい、山に行きたいという気持ちが二者択一で並んでいた。それらを十分に反芻させて、まず「母親と行きたい」、次いで「行きたいところは山だ」という順番であることに気づかせた。こうして、組み立てた質問に答えさせれば、物事の考え方を学んで自問自答できるようになるだろう。

さあ、今回目指すのはサカダシの滝である。車が行き止まりになった先に橋があった。サカダシの滝へ行くには、橋のたもとから岩をひとこぶ登ってトラバースして、そこから三十メートル下の谷に下りねばならない。ここが今日の難所だ。

岩の木を支点にしたザイルで佑子を先に下ろした。アケミを呼んだ。岩こぶを登ったところから支点の木までのトラバースは、足元が切れ落ちていて、ザイルにつながれていても怖い。岩こぶに現れたアケミが「あっ！」という顔で一瞬立ちすくんだ。「行けない。怖い！」と言うかな？　怖くても来るんだ！

一呼吸ののち、アケミは一歩踏み出した。「さあ、落ち着いて一歩ずつ来いよ。ちゃんと確保してるからね。気を抜かないで最後までゆっくり、丁寧にだよ」。

谷は広く流れは緩い。キノコ図鑑をアケミに渡した。二人は岸辺に上がり込んだり、水辺にしゃがんだり、何かしらお喋り遊びをしながらキノコを探している。紅葉が盛りであった。竿を出しながら沢を進んだが魚信はない。諦めかけたとき一匹恵まれた。

アケミは見つけたキノコを図鑑で調べてムキタケと知っていた。こういう機会が重なって、やがては辞書や本を当たり前に調べられるようになるといい。長い物語も読めるようになってほしい。

二時間半ほど歩いて、支流のシカク洞の出合いに着いた。荷を置いてサカダシの大滝を見に行った。戻ってきて散歩に出たシカク洞が、ちょうど正面から陽を受けて金色に輝いた。母と子が光に包まれている。人間の成長にはなんと長い時間がかかることか。しかし、子どもが育ってしまうと、過ぎた時間の思い出は一足飛びのフィルムのようだ。

佑子に聞いたところでは、ヒサゴ岳でアケミは、先生が怪我して自分ひとりになったらどうしようと、心配しながら谷を登っていた、という。今回も、道々そのことを話していたそうだ。そんなことは想像もしていなかった。それほどの緊張の中で、アケミはヒサゴ岳に登っていたのだ。

アケミの中に、俗に言う主体的意識が生まれた、と言えそうだ。人間にとって、それはなんと大事なことだろう。ハジメにも、ソラガイ山とオオタルミを越えた経験によって主体的意識が芽生えることを期待しよう。「男子三日見ざれば刮目《かつもく》して待つべし」。そう言えるような変貌がハジメに訪れる時を待とう。

ただ、最後が残念だった。うどん屋のアケミにはがっかりした。でも信じよう。九官鳥のような物真似挨拶ではなく、自分の挨拶ができる手前までアケミは来ている。行きつ戻りつしながら、そのうちに子どもは自力で歩み出す。主体的意識が生まれ育つ状況の中へ子を据えて、そこに至るまでの緊張の時間を親が耐えられるかどうかだ。

背筋の通った親の姿勢に向き合えば、アケミは自分の足で立つことができるようになるはずだ。シラハラ山では一人で自分をコントロールできたのだから。

第十五話

コクブ岳

◆一九九九年　立冬◆

お母さんと攀《よ》じるマユミの木

一緒にやろうよ　お母さん――花崎佑子

夏休みに入るまで、サトシは同じ部屋にハジメが、隣の部屋にはアケミがいて気が散っていました。ハジメが勉強で静かになる夜十時過ぎに、サトシは眠ってしまう毎日でした。

誰もいない休みの日は何もすることがなく、テレビを見ているようでした。夏休みも同じです。何かしら口に入れつつ一人でテレビを見る生活が続いた結果、体重が増えていきました。去年の夏休みも同じように肥っていたのに、私はそのことに気づきもしなかったのです。

八月の終わり、いつも周りに振り回されているサトシを上の二人から離そうと部屋替えをして、サトシの一人部屋を作ることにしました。

一人でいたことがないサトシは、一人部屋では落ち着いて座っていられません。私の目を盗んではハジメやアケミの部屋へ行っていました。「勉強の時間だよ」と声をかければ、一人ではどうしようもなくなり、歌を歌っています。それでも、日が経つにつれてサトシは自分の部屋で机の前に座っていられるようになりました。

ある日、算数の文章問題をにらんでいたサトシが「何のことだかわからない」と言ってきました。

「クッキー三十個入りの箱が四箱ある。六個ずつ袋に入れると何袋になるかっていう問題ね。クッキーは全部でいくつあるかしら?」。四つの箱の絵を描き、その中にクッキーを描いていくと、「わかった!」と掛け算を始めました。「あら、良い方法を知ってるのね」。クッキーは全部で百二十個あることがわかりました。

私は大きな紙に百二十個のクッキーを並べて描き、「これを六個ずつ袋に入れなくちゃ」と袋の絵の中に六個ずつクッキーを書き込んでは、並べたクッキーを消していきます。

「お母さん、そうやってずっと描いていくの?」「そう、こうすればよくわかるでしょう」

「僕、もっと良い方法を知ってる」と割り算を始めましたが、それでも私は絵を描き続けます。どっちの方法が早いかと競争になり、わずかの差で私が負けました。「クッキーは百二十個あるでしょ。絵を描くより、この方法のほうが早いんだよ」と得意げに言います。

それからのサトシは、何かあると「わからない」と私に聞いてくるようになりました。漢字がわからないと言えば、「辞書を引きなさい」と返しました。すると、「そう言われると思った」と言いながら辞書をめくります。算数の文章問題は、しばらく考えてから聞いてきます。私に聞いたが最後、二問目、三問目の正解を見届けられ、挙げ句に確かめの問題まで出されるからのようです。

これを機会に、なかなか本を読まないサトシに、挿絵がたくさん入っている『シンドバッドの冒険』『ガリバー旅行記』を選び、聞こうともしないサトシを横に、勝手に読み始めました。

一つの冒険を終えて「また明日」を繰り返していくと、「もう少し読んで」とせがまれるようになりました。「やっぱり明日ね」「じゃあ、もう一つ」と言っているうちに、サトシは私がいない時でも本を手に取るようになりました。

次に選んだのは『龍の子太郎』です。絵が少ないと感じたのか、サトシから手は出ません。私が読み始めても聞かない振りをしていましたが、次第に物語の世界に入ってきたサトシは、「もっと」とせがむようになりました。

今度は私が眠い振りをして本読みを中断します。サトシは私の手から本を取って続きを読むようになりました。そして、「来年は辰年だ」と本の挿絵を写しています。本にも絵にも取りかかれなかったサトシが楽しむ姿を見て、少し力を貸すだけで楽しむことに、今まで気づかなかったと悔やみました。

そんな毎日を続けていると、サトシの態度が変わってきました。以前はアケミに遠慮しながら傍に寄ってきたサトシが、気の向くままに私の手を握り、話しかけてきます。機嫌を損ねたアケミに突つかれて妬みの言葉を言われても、平気な顔をしています。アケミがいると私の隣にさえ座ることができなかった以前のサトシとは大違いになりました。

そんなサトシを久しぶりに山へ誘ってみました。返事ははっきりしません。前回は先生と二人きりでオオミズ川へ出かけましたが、「今度はお母さんと一緒に行きたい」と言っています。まだ私の元から飛び出す勇気はないようです。そこで「せっかくだから、お母さんも一緒に連れていってもらおう」と話すと、サトシは安心した顔を見せました。

山では何をしようかという話には、何をするかが出てきません。やっと出てきたのは「リコーダーを一緒に吹きたい。絵も描きたい」でした。「お昼はチーズフォンデュがいい」。余程オオカミ山のチーズフォンデュがおいしかったのでしょう。

前日の準備も二人でしました。「お母さんも早く荷物を入れて。僕はもうできたよ」「お母さん、リコーダーをお兄ちゃんに借りたの。一緒に吹くんだよ」と張り切っています。音楽の教科書がリュックから飛び出ると言っては必死に押し込んでいました。

山へ向かう車で酔ってしまったサトシは、コクブ岳の登り口に着いてもしばらく休みたいと言いました。いつまで待っていても出発すると言いません。スタートで躓くと次へ進むことができないのは、三年生の始業式の時と同じです。そんなサトシに「さあ、出かけよう」

と先生が声をかけると、私を見ながら暗い顔をして重い腰を上げました。

山道は迷うようなところはなく、サトシを先頭に行かせました。十五分もしないうちに、「足が痛い」と言って何度も立ち止まります。いつも誰かに引っ張られていたのですから、先頭に立つことが苦痛なのでしょうか。サトシのお尻が上がるまで声もかけずに待ちました。

三分の一ほど進んだところで一休みすると、サトシは一人で木の皮を手刀で剝き始めました。何をどうするわけでもなく夢中に剝いています。しばらくして満足したのか、何も言わず歩き始めました。手を使わなくては登れないような斜面に来ても、足を止めることなく進んでいきます。

頂上に着くと先生が尋ねました。「サトシ君、どうする、先に進もうか？」。しばらくしてから、小さな声で「ここでいい」と答えました。この日はサトシが自分で決めて行動することが目標なのです。

荷物を下ろし、辺りを歩き回った後に昼食をとりました。先生が鉈で箸を作り始めると、サトシの目が鉈を追いかけます。「先生に鉈を借りないの？」と持ち出すと、満更でもない様子ですが、自分から言い出すことができません。

二人で散歩をしながら「サトシが鉈を借りたいのなら、サトシが言うのよ。お母さんが借りたいのではないからね」と言っても返事がありません。先生のいる場所に戻り、私がサトシを突っつくと、やっと小さな声で「先生、鉈を貸してください」と言えました。それからは借り物であることも忘れたように、木の皮を削ったり、手当たり次第に木を叩いたり、と話に聞いた前回のオオミズ川の時と同じです。

「お母さん、リコーダーを一緒に吹くと言ったよね」と言われ、二人で音楽の教科書を見ながら演奏しました。何曲か吹くとサトシは満足し、また鉈を持って出かけていきました。相変わらず木に鉈を当てて、その切れ味を確かめているようです。

　傍らの木に私が登り始めると、サトシは口を開けて見ています。母親が木に登るところなど見たことがないのだから当然です。普段、この子達が暮らす場所には気楽に登れるような木がなく、運動場でも登るのは登り棒だけと教えられています。サトシを誘って上に登り、二人で下を見下ろしました。景色を一段高い場所から見るのはとても良い気持ちでした。

　帰り道、山々の紅葉を見渡しました。もうすぐ雪景色に変わりそうな気配の漂う紅葉は、輪郭がぼやけた淡く美しい紅葉でした。私がいつまでも見とれていると、待ちきれずにサトシが道を下り始めました。何も言わなくても先頭を歩いていましたが、道がなだらかになると足が遅くなり、立ち止まるようになりました。サトシには気持ちの休憩が必要かと思って、先生から遅れて二人きりで歩きました。

　すると、歩を休めることなく、鉈を木に当てたり歌を歌ったりしました。「最後に上り坂があるよ。覚えている。もうすぐだ」と言って急ぎます。最後の上り坂が見えた時、ホッとしたのか、往きには気にもしなかった遭難碑を見つけると、「お参りをしていこうよ」「どうしてこんなところで遭難したんだろう。道があるのに」と言いながら手を合わせました。

無事に下山したサトシは、「楽しかった」と言いました。先生から年忘れの山行はしたいかと尋ねられると、行きたそうにしながらも返事ができません。小さな声で「行きたい」とやっと言えましたが、何か言い足りなさそうです。「行きたいのなら、大きな声で言ってごらん」。やっと聞こえる小さな声で、「ハジメやアケミとは別にお母さんと一緒に行きたい」と言いました。

先生からは、条件付きで山へ連れていこうと言われました。「君は約束を守れるか?」「人間たるもの一度約束をしたら、守らなくてはならない。どうだね?」。サトシは黙ったまま。「どんなことをしても山へ行きたいかどうかだ。大丈夫、君にもできる約束だから」と言われると、約束すると言いました。

先生との約束は、今度会う時までに体重を減らして、引き締まった体になること。サトシは、ホッとしたような、困ったような顔をしていました。

幼い一人遊びは卒業か——西木大十

淡い紅葉の柔らかな山肌が眼前に広がっていた。遠くにソラガイ山やテンツキ山の山並みを見つめる佑子とサトシの背は身じろぎもしない。

今日はサトシの日だ。アケミが修学旅行で留守の間は、サトシはとても落ち着いていたようだ。日頃は上二人の干渉があって何につけても落ち着かないのだろう。まだ小学三年生、しかも四月には登校を嫌ったくらいの幼さだから、母親を満喫してはいない。アケミでさえ母の基地を必要としている。サトシにおいてをや、だろう。遊ぶ傍らに佑子が要るのだ。

サトシは「面倒だ」とよく言うらしい。物真似遊びをしているだけだから、少し面倒や困ったことがあれば、止めてしまえば事足りる。その性癖が面倒がりのサトシをつくった。自分から遊びを工夫したら、面倒とも思わずにやり遂げようとするだろう。遊びの工夫は人生最初の志である。

戦国武将も越えたコクブ峠から山道を登った。休み休みのサトシに付き合いながら結構な急登を上がると、その先に頂上があり、うまい具合に北へ眺望が開けた格好の空き地を見つけた。豪雪地帯として知られるタケル山北面尾根の入り口だが、今日はサトシの望みに委ねることを告げてあった。

「サトシ、君の行きたいところまで行きなさい。この先はなだらかな尾根歩きだ」。「ここでいいです」と小さな声で言った。今日のサトシの声は聞こえないくらい小さい。オオミズ川とまるで違う。ここで十分とは気合いがないね。

聞けば、三年生のクラス替えからサトシは遊び友達がいないらしい。誘ってくれる仲間もクラス替えでいなくなり、初めて見るサトシにわざわざ声をかけて誘う者もいないだろう。自分から遊びを作って仲間を誘うか、他人の遊びに関心を示して入っていかなければ、誰もその子を気にも止めない。サトシは精神のエネルギーに欠ける。もとから脳のその回路が育っていない。母親の傍で一人遊びをもっとしなければ、回路は生まれ育たない。

「でもね、最近のサトシは歩いていて私の手を握るようになったのよ」「どういうこと？」「アケミに遠慮して握れなかったのが、この頃は平気になったの」「それは進歩だね。自分の望みを遠慮せずに主張できるのは、子どもたる第一歩だから。そこから始めなければ」。

サトシは相変わらず口数が少ない。佑子が耳打ちしてきた。「鉈を借りたいのよ。でも言い出せないの。今はまだいい、って言うの」「言い出せない口実の言い逃れだね。必ず言わせろよ」。言い出さなければ貸すことはできない。言うまで待つさ。

サトシの横で帽子を顔に載せて昼寝に入った。佑子がサトシを促している声が聞こえる。「今がチャンスよ。四時まで昼寝しちゃうかもしれないよ」。なかなか言い出せない。人の後ろをついて回って、おこぼれを頂戴しているようなものではないか。サトシ、鉈が欲しければ、自分でそう言え。

そのうち本当に眠くなってきた。「先生、鉈を貸してください」。とても小さな声だった。「ん、ん？」。こんな小さい声では言い出したうちに入らない。そのまま、うたた寝を続けた。佑子がささやく。「聞こえてなかったね」「でも、ぼく言ったよ」「相手にわからないとしょうがないじゃない？　借りるのが目的じゃないの？　もう一度言ってごらん」「先生、鉈を貸してください」「え、なあに？」「鉈を貸してください」「ああ、いいよ。気をつけて。持って歩く時は必ず鞘《さや》に入れてね」。

サトシは木の幹を傷つけている。「オオミズ川では鋸で一時間も遊んでいた。まだ卒業してないね」「鉈で刺したり削ったりやっているわ」「そう、試すということをしているわけだ」「棒切れでチャンバラなんかをするといいのだけど。でも、チャンバラの真似事をしたりはしてるの」「そういうことが始まらないと先へは行けない」。

そっと見ていると、鉈をかざして「えい、やあっ」とやっていた。遠目にも木の幹が白く抉《えぐ》れているのがわかる。「あんなに傷つけるなんて」。佑子が驚いている。そのうち、持ってきたリコーダーを二人で吹き始めた。

下りのサトシは先行するが、すぐに立ち止まって休んだ。ふと気づいて、佑子とサトシを残して先に下りた。「あれからね、まったく休まなかったの。遭難碑にはお参りもしたわ」「要するに、二人だけでいたかったんだね」。

オオミズ川の時よりもサトシは明らかに肥っていた。昨夏も同じように肥っていたとは。サトシの人格を理解してなかったから、佑子はサトシが肥るメカニズムに気づかなかったのだ。しかし、今の佑子は子ども達それぞれが、人格の成育過程の違うところにいることをはっきりと理解している。親が子どもを正しく捉えなければ、まともに育てられるわけがない。

「この肥満はまずいんじゃないか?」「そうなの。夕食もご飯のお代わりを四杯もするの」「間食は?」「してると思うわ。冷蔵庫には何かしら入ってるもの」「遊びもないので、食べるというういちばん安易なことをしてるんだね」。

「サトシ、やたらに腹が減って肥ってしまう病気もあるんだけれど、病気かな?」「違う」「ところで君、忘年山行に行きたい?」。返事がない。「サトシ、どうする? 行きたいの?」。佑子が返事を促すと、ようやく「行きたい」と答えた。「去年のテンツキ山のように皆で行きたいの?」。この返事は決まっているだろう。

「サトシ、君が先生と約束をして守れば、その山行に連れてってあげよう。そのつもりで約束を聞くか?」。返事がない。「どうするの?」。佑子が切ない。「君ができる約束だよ。できないことは言わないよ」「約束を聞いてみる?」「……」。

しばしの沈黙の後、とうとう言った。「約束は何ですか?」「これからは間食はやめだ。食べるのはお母さんが出してくれるものだけにする。それが約束だ」。

第十六話

カネミネ峠

◆一九九九年　冬至◆

大泣きサトシの雪中行軍

手助けしない親の苦しみ――花崎佑子

　体重を減らすと約束をしたサトシですが、なかなか減らすことができません。二学期の個人懇談で聞いたところ、昼休み時間にドッヂボールに誘われてもサッカーゴールの傍で一人立っていたそうです。そして、「どんな山に行きたいの？」と聞いても、相変わらずサトシの希望は出てきません。

　寒さも増してきた頃、雪が降りそうだねと話していると、「雪がいっぱいあって滑って遊んだ山」と、昨年末のシラハラ山を思い出しながら「絶対にあの山がいい」と言いました。

　数日後のこと。「お母さん、タナカ君も一緒に連れていって。行きたいと言ってるよ」。タナカ君とは最近よく遊んでいる上級生の六年生です。きっと得意げにシラハラ山の話をしたのでしょう。「サトシが行く山は、ハイキングみたいに誰でも登れる山じゃないんだよ。先先生がいるから登って帰ってこられる山ばかりよ。簡単に連れていってあげるとは言えないの。わかる?」」。サトシは神妙な顔をしながら「ウン」と頷きました。

シラハラ山のような山登りを想像して楽しみにしているサトシに、先生から手紙が届きました。「登りは先生とサトシが先頭を歩き、男らしくお母さんを連れていってあげましょう」とあります。サトシは少し首を傾けて「僕がお母さんを連れていくのか」と呟いています。今までは連れていってもらうばかりで、自分が連れていくなんて意識したことは一度もなかったのでしょう。

天気予報は、出発前夜から寒波が来ると言っています。「明日はどんな山かな。ビニール袋はいるかな」。もっぱらシラハラ山を思い描いて興奮気味です。体重は一キロ減っただけですが、去年の服は小さくなっていました。「男の約束は少し守れただけだね」と言うと、「ウン。でも行きたい」と言って準備をしています。明日は雪まみれになりそうです。

翌日、登り口に近づくと、周りが雪景色に変わりました。道には新雪が積もっています。心地よい寒さの中で身支度を整え、林道へ向かいますが、今年初めて見る雪にサトシの足取りは軽いようです。竹林では、雪の重みを受けて竹も大きくしなだれていました。

歩を進めていると、数メートル先に真赤に染まった雪が見えました。近づくと、イノシシが首の後ろを抉りとられて死んでいます。私とサトシの足がぴたりと止まりました。傍らで先生が私に合図を送っています。そうだ、ひるんではいけない。サトシの手を取ってイノシシに近づきました。

「どうしたんだろうね。何かに襲われたのかな?」。つられるようにしてサトシもじっと見ています。怖いような緊張したような顔をしたサトシの記念写真は、後日、兄姉達に向かって得意げに話す自慢の一枚になりました。

林道が続くとばかり思っていると、先生から「さあ、ここから雪まみれになるぞ」と言われ、雪が服の中に入らないように身支度を整えました。林道から逸れ、道など見えない山の斜面に取りつきました。

雪はサトシの腰まであり、新雪の中に体が深く沈み込み、思うように前へ進めません。獣の小さな踏み跡を追って前進しますが、一歩踏み出すごとに息が切れます。サトシはどんどん遅れました。「お母さん、疲れた」。足が止まる回数も増え、振り返ると少し離れて座っています。そのたびに足を止めては「行くよ」と声をかけ、サトシが来るのを待ちます。「待ってぇ。速いよ」。少し進むと、また足が止まります。

見かねた先生が、私に先を行くように合図しました。私にとって末っ子のサトシは、いつまで経っても小さなサトシ。ハジメやアケミなら置いていくこともできましたが、サトシの場合はどうしても傍にいたい、いなくてはならないような思いに駆られます。一人先に進みましたが、大丈夫かしら、もし足元が滑って滑落したらどうしようなどと、悪いことばかりが頭に浮かんできます。そんな自分に、今はとにかくサトシのため、サトシのためと言い聞かせながら前に進みました。

　サトシの姿も見えなくなった頃、大きな泣き声が聞こえてきました。サトシの声です。立ち止まって聞いていると、私の胸は締めつけられ、涙さえこぼれそうになりました。いつもサトシは皆から隠れるようにして泣きます。誰もいない部屋の中で声を殺して泣きます。こんな大きな声で、人目もはばからずに泣いている姿は見たことがありません。

　泣き声が止み、黙々と歩くサトシが私達に追いついてきました。三人揃ったところで再び登り始めました。サトシは少し遅れながらも後ろをついてきます。

「頂上はまだ？」「もう少し」。私はそう答えるだけです。そのうち、「お母さん、何回あと少しって言うの。いい加減にして！」と怒り出しました。「あの木のところで先が切れてるから、あと少しだと言ってるの。でも、まだ先が続いていたの。仕方がないね」と言って進んでいくと、何も言わずについてきます。半分ふてくされながらも、ついていくしかないと覚悟を決めたのでしょうか。

　頂上に着いた先生と私が荷物を下ろしていると、サトシが大きな声で何度も私を呼んでいます。「お母さん、来て！」。何事かと見に行くと、灌木の陰で雪の下にあった枝に足をとられ、抜けないようです。行って助けようとすると、先生から止められました。

「おいでよ。あと少しだよ」。大したことではないというように声をかけると、「とにかく来て！」と怒鳴っています。それでも私が動こうとしないのを見て諦めたのか、脱げてしまった片方の靴を手に持って頂上へやってきました。

「さあ、ご飯の用意をしよう」。話しかけても怒って口を開きません。「足が抜けなくて大変だったんだ……」。誰ともなしに言い捨てましたが、「そう、大変だったね。でも来られたね」と、先生にも相手にされません。

サトシは靴下も脱ぎ、雪の中で裸足になっていました。先生から、靴の中の雪を払って濡れた足を拭き靴下を履くように言われても、返事をしません。

このままでは足が冷たくなって刺すように痛くなるよ。私は口も手も出したくて仕方がありません。これまで先生から、自分で身をもって体験しないとわからないと再三言われてきましたが、つらい思いはさせたくないという気持ちを抑えるほうが大変です。でも、いつもそうやって甘く接してきた私が、今のサトシにしたのです。理屈ではわかっていても、私の中ではまだ小さなサトシとして扱っていたのでしょう。

食事も終わり、雪の中を散歩しましたが、寒さも手伝ってこれといった遊びもせず、山を下りることにしました。雪の斜面をお尻で滑っていきます。サトシに比べて幅のある私は滑るのに難儀します。そんな私に「ここだよ。こうして」と、元気いっぱいで教えてくれるサトシは登りの時とは大違いです。常に私の前に立って道案内をし、あっという間に林道へ出ました。

私は苦労して登った山から離れ難いものがあり、何度も振り返りましたが、サトシは振り向きもせずに進みます。雪玉を作って投げたり、木に積もった雪を落としたりして遊びながら下っていきました。

林道から離れる時、二人で仰向けに雪の上に寝転んで青い空を眺めました。サトシは雪にできた私達の跡を見て「お母さん、記念写真だね。もっときれいな記念写真を撮ろう」と言い、様々に形を変えながら二度、三度と雪の上に寝転びました。

帰りの車中、サトシは山のことを話しません。窓を全開にして冷たい風をいっぱい受けながら、大きな声で歌を歌い続けていました。

苦境をついに一人で越える——西木大十

先に約束したサトシとの忘年山行である。今年も雪が少ない。年末だから雪の多い山に行きたいが、日暮れが早いから遠出はできず、サトシの体力では高い山も無理である。今は寂《さび》れて道跡の消えた古い峠へ行くことにした。村の道には新雪が積もっていた。

山道に入ると、竹林が雪の重みでたわわになっていた。初めて目にする光景にいきなり出合い、サトシは歓声を上げて佑子と雪投げを始めた。新雪に埋もれた道に、今度はなんとイノシシの死骸があった。頭が割られて雪上に真赤な血が散っていた。生き物の凄惨な死体、本物の血は、テレビの映像で知ったつもりになっている子ども心を新鮮な現実の慄きで洗うだろう。サトシも佑子も腰が引けつつも死骸をのぞき込んだ。

山道と別れて、いよいよ谷沿いの登りに入った。雪溜まりはサトシの腿《もも》ほどもあった。少しずつ傾斜が険しくなって、木枝に摑まって這い上がり、ずり落ちる雪を押さえながら登るようになった。サトシの口数が減って、だんだんと遅れがちになった。頻繁に休む。疲れて休んでいるのか、わざと止まって面倒を見てもらいたがっているのかわからない。上にいる大人に背を向けて座っている。

「佑子、声をかけるなよ。どうも構ってもらいたがっているようだ」「そうよ、多分」「先に行け。それとなく見ながら行くから」。佑子の心配は手に取るようにわかる。でも、ここが踏ん張りどころだ。サトシがいる所からは、上にいるこちらはもう見えない。

「一人で登ってくるだろうか？　止まって待っていることはないだろうか」「どうするかしら？」「様子を見よう」。サトシはまた登り始めた。「来るよ」。向こうからは見えないように間隔を保ちつつ、サトシを窺いながら先行した。構ってもらえないと気づいて踏ん切りがついたようだ。斜面のちょっとしたトラバースがあった。安全が不安だったので、こちらが見えるようにサトシが近づくまで待った。

「あら、泣いてるわ」。驚いたように佑子がささやいた。「あんなこと初めてよ。あんなふうに泣くなんて！」。そうか、これは良いことだ。たった一人、誰の助けもない苦しく惨めな気持ち。悔しい気持ち。それでも身体を引きずる意志とも自覚されない意志。人間のバイタリティの始まりの一滴だ。「泣くこともないほど、人頼りにしてたんじゃないか。でも登ってくるよ」。佑子はじっと見ていた。「さあ行こう。待たないでまた先へ行くんだ」。言葉をかけてはならない。サトシの感情を他人の言葉で汚してはならない。一人だけの経験が純粋に凝縮されつつある時、横から不純物を混ぜてはならない。前進してサトシの視界の外に出た。「大丈夫、越えてきたよ」。

そこから三十分ほどで峠の尾根だった。最後のひと登りは灌木が絡み合う平坦なところである。四時間半の登りだった。「おおい、サトシ！　着いたぞ」。下へ怒鳴ると、小さな声が聞こえてきた。「足が抜けない！」。雪の下にあった茂みの中に落ち込んだのだろう。よくあることだ。どうにかサトシも登りついた。なんと右足の靴が脱げている！　靴下のままで雪の中を歩いてきた。

「早く雪を落として足を拭きなさい。濡れてくると冷たくなるよ」。サトシは、何も言わずに足を投げ出している。母親に拭いてもらい慰めてもらいたがっているのだ。でも泣かない。佑子は何もせずに黙っていた。わが子の苦闘は親の苦闘だ。親の頭を踏みつけ荒らし、親の感情を食い散らかして子は育つ。助けを待ってふくれっ面していても、冷たさは他の誰でもなくわが身にやってくるんだよ、サトシ。

「さて、食事の用意をしよう」。佑子がザックからバーナーを取り出した。ついにサトシが足を拭いて靴を履いた。ほう、黙ってやったね。どうにも我慢できないほど冷たくなっただろう。雪の上に座って温かいカレーを食べた。一人で泣いたことなどすっかり忘れたかのように、サトシはよく食べた。

峠の近くには石地蔵があったはずだ。探したが、雪に埋もれたのか見当たらなかった。辺りには膝ほどの深さのイノシシの足跡がレールのように続いていた。歩きやすいルートを見つけることができず、結局登りの跡を戻ることにした。

雪山は、往きはタイヘン戻りはラクチンである。尻セードでどんどん滑り降りた。「滑るとあっという間だ！」。登りに泣いたとは思えないくらい、サトシは元気いっぱいに滑り下りた。「サトシ、一人でよく登ったね。これぞサトシだ」。

着替えを済ませて帰る車中、サトシは寒いのに窓を全開にして外を見ながら、大声で一人で何か喋り、歌を歌い、まるで正気を失ったかのような大騒ぎだった。「どういうことだ？」「こんなサトシは初めて見るわ。いつも上の二人の騒ぎにつられて騒ぐのよ」「興奮しているんだね。今日は自分をはっきりと意識した初めての経験だったんだよ。苦しかった不安からの全解放だ」。

急に静かになったと思ったら、寝息が聞こえた。佑子が呆れている。「あんなに騒いで、バタッと眠れるものかしら」。

【先生の手紙】

サトシ君

　コクブ岳はもみじがとても美しかったですね。気に入りましたか？　先生は君との約束を守ります。今、どの山へ行くかを考えています。その日はひきしまった、かたい筋肉のからだで来てくださいね。君の男の力で、お母さんを山へつれていってあげてください。先生が手助けしましょう。どんなところへ、お母さんをおつれしましょうか？　君に考えがありますか？

　テンツキ山のような山？　シラハラ山のような雪の山？　十二月だから雪もつもっているでしょう。雪の山なら君と先生とで交代しながら先頭を進み、お母さんに道を作るのです。帰りはラクチンですから、お母さんと二人で手をつながないでも下りてこられるでしょう。そういう、登りは男らしく下りは子どもらしくの山を考えますから、楽しみにしていてください。

山の先生

第十七話

シラハラ山 再び

もいちど行きたい　あの雪の原

◆二〇〇〇年　彼岸◆

母子四人の雪の原――花崎佑子

春が近づく頃、「また、雪のいっぱいあるところに行きたいなぁ」、サトシがポツリと言いました。「シラハラ山ね。もう一度行きたいの？」。そこで、先生にお願いしてみてはと勧めました。普段は手紙を書くのを嫌がるサトシが、自ら進んで手紙を書いていました。五行ほどの短い、句点も読点も間違いだらけの幼い手紙でしたが、行きたくてたまらない気持ちに急かされるように、誰にも頼らず自分から書いた大事な手紙です。私は何も言わずに笑顔で受け取りました。

先生との山登りはまったく新しい経験の興奮や緊張ばかりでしたが、私の中には先生の言われる通りをしていれば、必ず山を下りてこられるという安心がありました。それでも一度、私と子ども達だけで出かけてみてはどうだろうかと、先生に相談しました。

後日、先生からサトシに「都合が悪くて一緒に出かけられない」と返事が来ました。手紙を読み終えたサトシは、「先生は行けないって」とがっかりしています。「残念ね。シラハラ山なら道があったし、お天気さえ良ければ私達四人で行けないかしら?」と切り出すと、「そうだねぇ。でも、忘れてることのほうが多いなぁ」と、少し考えるふうで満更でもないようです。去年のシラハラ山の写真を取り出してきて、ああだった、こうだったと二人で話しているうちに「よし、行こう!」と決まりました。

「この話を持ち出したサトシがリーダーになってよ。カネミネ峠のような雪の中を登ったのはサトシだけだもの」。サトシはこくりと頷きました。リーダーを引き受けたサトシに、山登りの計画を考えて決めなくてはならないと言うと、一転して無表情になりました。「リーダーは、いろんなことを決める大変な仕事だけれど、成功すれば『君はすごい!』と皆から言われるよ」。

手始めに計画書を作る必要があり、いつ、誰と、どこへ、どのようにして出かけるのか考えよう、と持ちかけました。「出発の日は?」「メンバーは?」と尋ねると、進んでハジメやアケミに都合を聞きにいき、出発日とメンバーが決まりました。アケミは不参加だそうです。

ですがその後、サトシは一向に動きません。出発の十日前、私は「計画書はどうするの？」と尋ねました。サトシは黙ったまま。「行くんだったら、計画書を作らないと遭難だよ」。サトシはうつむきます。

しばらくの沈黙の後、「行くの？　行かないの？」と私は再び尋ねました。サトシは絞り出すような声で「行かない」と答えました。それを聞いて私は「絶対に行かせよう。もう夜の十時だけど遅くなっても構わない。ここで中断してはいけない。でも、どうやって行くと言わせようか……」。沈黙の間、サトシは私に背中を向けて動きもしません。よし！　ごちゃごちゃ言わずにお尻を叩くことにしよう。

「今さら何を言ってるの！　サトシがリーダーになって決めたことだよ。みんな、サトシに従って予定を空けたんだよ。リーダー！　計画書を作るよ。紙を持ってきて。今決まっていることは何？」。サトシは言われるままに動き出しました。かといって乗り気でもないようです。

「計画書は、行く日にち、時間、行く場所、行く方法、何をしにいくのかをはっきりさせるの。そうそう、メンバーも大事だね」。私が紙に項目を書き出していきます。「それから、荷物や身支度も考えるんだよ」。遠巻きにしていたサトシが近づいてきました。「今、決まってることは？」「日にちと場所とメンバー、行く方法は決まってる。あっ！　お昼はチーズフォンデュ」。だんだんとサトシが身を乗り出してきました。

「じゃあ、どこにどれくらい時間がかかるかを考えて、出発の時間を決めよう。そうしないと、たくさん遊べなかったり、真っ暗になったりするよ。地図を見て、実際の距離から考えないと。いい加減では失敗するよ」。道路地図で車の移動距離を調べました。「少し余裕をみて、だいたい三時間かな。雪が積もっていたらもう少しかかるかな」。私が地図を見ていると、サトシは紙に向かっています。もう大丈夫。

「お母さん、山の地図がいる」「そうね、明日本屋さんで買ってこよう。帰りが遅くなるかもしれないから、宿題は済ませておいてね」「わかった」。

翌日、本屋ではサトシが率先して地形図を探しました。数ある地図の中から選び出すのですが、私に手も出させてはくれません。計画書を作る気合いは十分のようです。友達のところへ遊びに行っても、「明日は山の計画書を作るから昼からしか遊べない」と宣言し、友達のお母さんが「何かすごいことでもするの？」と私に尋ねてくるほどでした。

計画書を作ろうと、サトシが紙を持って話しかけてきました。家事に忙しくしている私の横で、「僕はここがシラハラ山だと思う」と地図を見ています。「どこ？」「ここ。だってここは平らで広いよ。それに池もある。あっ！　この線は僕達が登っていった道だ。シラハラ山は、雪の下は道だったもんね」と、地図から目を離しません。休日にはさっさと遊びに行っていたサトシが、私の手が空くのを待っています。

テーブルについて二人で地図を調べました。「サトシ、この神社が出発する場所よ。ここからシラハラ山までどれくらいあるんだろう」。サトシは一年前の記憶をたどり始めました。分数を習い始めたサトシにとって良い機会だと思い、頃合いをみて二万五千分の一の地図の見方を説明しました。

「この地図はね、実際の長さを二万五千分の一に小さくしたの。分数でこの言い方は習ったよね」「ウン」「下のほうを見てごらん。この直線の一センチは、実際の長さではどれだけある？」「ウン」。わかったような、わからないような返事です。しばらく黙っていました。通りかかったハジメが何やら言いたげですが、私が目で合図をすると黙って傍に座ります。

「じゃあ、二万五千センチの二万五千分の一は？」。しばらく考えたサトシが「一センチ」と答えました。「それなら、この地図で一センチのところの実際の長さはどうかな？」。サトシは地図を見つめています。「二万五千センチ」「二万五千センチは大きい数だね。メートルでは？」。ちょっと待ってと紙に書いて「二百五十メートル」と言いました。

「わかってきた？」。返事がありません。「写真を撮ると、小さくなっても頭や手足が同じように写ってるよね。それとこの地図は同じなの。写真と同じように、どこもかしこもギュッと小さくしたんだよ。それも二万五千分の一にね」。こんな説明でわかるのかしらと私のほうが心配です。もっと良い説明はできないものかと考えていると、サトシのほうから「なんとなくわかる」と言ってきました。

　サトシは定規で林道の長さを測り始めました。ハジメも私も黙って見ています。「だいたいだけど、ここからの長さは△△センチ。ちょっと曲がりくねっているけど、全部で××センチだ」「そう、もう実際の長さもわかるね」。紙で計算を始めました。「サトシ、大人の足で四キロメートル歩くのに一時間かかるかな」「うーん、一時間半ぐらいかなぁ」「雪の中で遊ばずに行くのかな？　計画は時間に余裕を持って立てることが大事なんだよ」。それまで黙っていたハジメも「おい、雪の中だぞ」と口出ししてきます。「そうかぁ、二時間」「この前より雪が多いかもしれないよ。三時間はどうかしら」。私の言葉にサトシとハジメも納得したようです。後は林道を下りる時間、遊ぶ時間、昼食時間と自然に決まり、出発時間も朝の五時三十分に決定しました。

安心したのか、サトシは友達の家へ飛び出していこうとします。「まだ持ち物が決まっていないよ！」と声をかけると、「帰ってきてからハジメと一緒に決めるって約束した」と言いながら出ていきました。

夕方帰宅すると、約束通りハジメと二人で相談し、紙に書いた持ち物リストを持ってきました。嬉しいことに共有の荷物はサトシとハジメが持ってくれるそうです。ハジメは「重い物は任せとけ」と言い、「お母さんは自分の荷物だけでいいよ」と二人揃って言ってくれました。二人の荷物の分担もきちんと紙に書き出しています。

「できあがった計画書、山の先生に見てもらおうか？」「やっぱり見てもらったほうがいいかな」。相談の結果、先生に計画書を見てもらうことになりました。後日、先生から計画書の合格をもらい、あとは決行するだけとなりました。

出発前夜、サトシとハジメ、私が準備をしている様子をアケミが見ています。「一緒に行こうよ」。アケミに誘いの声がかかります。最近のアケミは中学入学を控えて、横から入ってくる英語や部活の話に気持ちが落ち着きません。先のことなどすっかり忘れて、遊びに夢中になる時間が必要ではないかと思い、私も誘いました。

アケミは「本当に先生は行かないの？　大丈夫？」と言いつつ、明日は友達と遊ぶからと言いました。準備も終わりかけた頃、もう一度誘いましたが、「行かない」ときっぱり返事をしました。それからは誰もアケミを誘いませんでした。

ところが、一人でお風呂に入っていたアケミが、私達のいる二階へ階段を駆け上がりながら、「お母さん、やっぱり行く！」と大声で叫んできました。「リーダーはサトシよ。サトシに聞いて」「行ってもいいですか？」。もちろん、サトシの返事は「ウン、いいよ」。「私は私の荷物だけを持っていけばいいの？」「ウン」。話が済むと、アケミはさっさと荷造りを始めました。

急に参加すると言い出したので、アケミの靴がありません。「アケミ、靴がないよ」「どうして？」「ここ一年、皆で一緒に出かけたことがなかったもの。ある靴を履き回していたから」「いいわ。お兄ちゃんの古い通学靴を履く。濡れないようにビニールか何かを足に巻くわ」と明るく答えます。冷たいことを承知しているようには見えませんが、計画に飛び入り参加だから、それも良い経験になるでしょう。

当日、子ども達の動きは軽く、身支度は順調に進みました。街道を逸れた辺りから雪がちらつき始め、登り口までの山道は新雪でした。去年に比べると積雪も倍以上あるようです。

「おおっ！」。ハジメが嬉しそうに声を上げました。雪が降っていますが、誰も気にもせず準備に取りかかり、私だけが吹雪かないかなと心配で空を見上げていました。

気持ちがはやるのか、渋る子どもを並ばせて記念写真を撮り、サトシに出発の号令をかけさせました。サトシもリーダーであることを忘れ、出発したくて仕方がないといった様子でしたが、私が時計を渡し、出発時間は予定通りかを尋ねると、思い出したようにポケットから行程表を取り出し、「予定通り」と頷きます。誰も方向に迷うことはありません。ずんずん進んでいきます。

川を渡ろうとした時、橋の脇のホースから氷柱《つらら》が垂れています。「アレは何だ？」と口々に言っています。「そうか、水が凍ったんだ！」。ハジメが言いました。青みがかって透き通った氷柱に見とれていると、アケミが川原に下りていきます。雪の量は去年とは段違いに多く、アケミの膝上までありました。どの子も気持ちが昂って、じっとしていられないのが伝わってきます。

アケミが「ここ、前に三人で登ったところ。そうしたら先生が上にはもっと雪があるって言ったんだよ」。ハジメが「ここで道に迷ったんだ」と地図を取り出しました。アケミは歩きながら氷柱を取ったり、雪を投げたり、木の上の雪を落としたりと忙しくしています。もう楽しくて仕方がありません。

心配したお天気も青空が広がり始めてきました。周囲の山々が見えてくると、ハジメが絶景だと言って記念写真をねだりました。こんなふうにハジメが景色を見て満足している顔を初めて見ました。

日が差して汗がにじんでくると、サトシが小さな声で「暑い」と言いました。「リーダー、休憩はいつ頃とりますか？」。声をかけると、サトシは時計を見て「休憩」と号令をかけました。

二度ほどの休憩にハジメとアケミは不満気でしたが、リーダーの指示に従おうと言うと、立ち止まって何やら遊んでいます。サトシはうつむき加減に二人をにらみ、一緒に遊ぼうとはせず、前を向いて進むばかりです。わかりきった道を、そのつど地図で説明するハジメの話に耳も傾けません。それでもハジメが「残り五分の一ぐらいかな」と言った頃から、サトシの表情も柔らかくなり、先を争う様子も見せなくなりました。

そんな時、山道から逸れた木陰から複数の登山者が下りてきました。三人の目が輝きました。「近道だ！」。最後の人を見送ったかと思うと、三人は飛び込むように彼らが下りてきた斜面を登っていきます。単調な雪道から抜け出し、雪の深さに怖じるどころか、「滑る！」「はまった！」と大騒ぎ。山道も終盤となり、「この道を左に出るとシラハラ山だ」とハジメに言われ、みんなの足取りは自然に速くなりました。

「ここは、リーダーにシラハラ山の第一歩を踏んでもらおうよ」。私が提案すると、おもむろにサトシが先頭に進み出ました。いよいよシラハラ山という手前で、休憩していた数人の大人が「子どもばっかり！」と言う声が聞こえてきましたが、誰もが知らん顔で進んでいきます。子ども達には、シラハラ山の雪原しか眼中にないようでした。

広い台地の雪原に出た瞬間、強風で雪の粒が痛いほど顔に当たります。「去年より風が強い！」と怯んだのは私だけで、子ども達はどんどん先へ進んでいきます。去年、ここから先に進もうとしなかった三人とは思えないくらいの速さです。雪はハジメの膝上までありますが、誰も気にする様子はなく、先を争っているようにさえ見えました。ハジメと私は、風も少し和らいだ山陰で基地を置くのに良さそうな場所を探しました。

百メートルほど離れた場所で振り返ると、残りの二人は待ちきれずに雪の上を滑って遊んでいます。ハジメもそわそわして「お母さん、もう決めよう。早く戻ろう」と急かします。基地を決めると、子ども達は急いで斜面の雪を掘り、雪の壁を作りました。三人のうち二人は基地を作り、一人は遊ぶといったように誰とはなしに分担しています。一時間もかからないうちに、親子四人がすっぽり寛《くつろ》げる場所ができあがりました。「できた！」と言ったが早いか、三人は雪滑りに駆け出していき、昼食どころではありません。

しばらく子ども達を見ていた私は、三人を呼んで昼食作りに取りかかりました。その準備の速いこと。どの子も「どうするの？」などと言いません。「さっさと食べ物を出して！」

「誰のリュックにあるの？」。急かされるのは私ばかりです。ふと気づくと、サトシはナイフで、これは僕の仕事だと言わんばかりに小枝の箸作りをしていました。

そそくさと昼食を済ませた三人は、再び雪滑りに戻っていきました。私は一人、遊び回る子ども達を眺めながら、ゆっくりと昼食を頂きました。遊び始めて三時間が過ぎても誰一人休まず、滑降コースを作っては雪滑りに余念がありません。

下山中の人に「私にも滑らせて」と言われても「いいよ」とそっけない返事をし、他人がいようがいまいが気にもならないくらいに夢中です。初対面の人を気にするアケミでさえも気にしていません。あまりにも夢中になっているサトシを呼び寄せて、時間を確認させました。「下りる時間まであと三十分だ」。上の二人に知らせました。

するとアケミは、強風の中へ一人で飛び出し、倒立を始めました。「お母さん、絶対成功するから見ていて！」。誰一人いない雪野原で倒立を繰り返すアケミの姿は、ここにある全てが彼女のものであるかのように見えました。

時計を見たサトシが近づいていきました。「帰る時間になった」。どの子も大満足で、帰ることに抵抗もしません。シラハラ山を後にする時、ハジメが振り返って景色を見ていました。「お母さん、写真を撮って」。普段は何事もこだわりなく終わってしまうハジメにとって、この一日はことさら強く心に残ったのでしょう。

帰りはみんな、近道探しに熱心です。踏み跡を見つけると我先に滑っていきます。アケミが足を取られて抜け出せなくなりました。四苦八苦しながら足を抜こうとしますが、うまく抜けません。でも、私が傍で見ていても助けを乞うこともしませんでした。サトシは、自分でなんとかするのが当然といったふうに先へ進んでいきます。カネミネ峠のサトシを思うと本当にたくましくなりました。

神社に戻り着替えをすると、どの子も靴下どころかズボンまでびしょ濡れです。下着さえ濡れています。あれほど遊んだのだから当然かもしれませんが、誰も冷たい、寒いなどとは言いませんでした。気にする暇もないくらいに遊んだのでしょう。この時になって、ようやくアケミは通学靴を履いていたことを思い出したほどです。

このシラハラ山では、サトシもアケミも私に甘えることは何一つしませんでした。ハジメだけは、持ってくれと言わんばかりに無言で荷物を差し出し、私が受け取らないのに気づいて引っ込めました。去年に比べ、サトシとアケミが変わり、ハジメが変わっていないことがわかる一日でした。

帰りは、以前にアケミと寄ったうどん屋さんに入りました。あの時注文できずにふてくされたアケミは、「今日だけよ」と言って自分で注文しました。みんな無事に、そして子ども達は大満足で帰ってくることができました。本当に親子四人で出かけて良かったと、後押ししてくれた山の先生に感謝しました。今回のシラハラ山行で大成功を収めたサトシに、先生へ報告書を書こうと勧めると、少し憂うつそうな顔をしながらも承知してくれました。

手助けを不要と信じた母子の四人――西木大十

サトシが自分から山行きを言い出したとは相当な進歩である。カネミネ峠の経験はダテではなかった。なにせ、これまでは他人をなぞったことしかしてこなかったのだ。

佑子から「私達だけで行けないかしら?」と相談があった時は、サトシとの間でかかる会話があったとは知らなかった。「もちろん行けるよ。問題は天候だけだね。ぜひ、先生抜きで出かけなさい」「それなら、計画書をサトシに書かせるわ。でも書くかなぁ。書くのがとても嫌いなのよ」「行きたい気持ちが強ければ書くだろう。なんとしてでも書かせよう」。後日、サトシの計画書が届いた。これまで出遅れていた小学三年生ならば、まあこの程度だろう。

せっかく出かけるのだから、ここで作文させないわけにはいかない。したこと、見たことを正確に思い出しながら作文するのに、またとない機会ではないか。その場で楽しんだだけで終わらせてはもったいない。経験を反芻してコトバに移し替えるのは、人間の知性の基本なのだ。ただ、サトシにはきっとプレッシャーだろうから、行く前に作文の話を持ち出さないほうがいい。それにしても、計画書作りが難航したとはね。踏ん切りをつけるまでに、まだ母親の一言が必要なのだ。こうして、子どもは新しい経験に踏み出すことができる。

上の二人が弟のサトシをリーダーとして扱ったことは、サトシにとって実に意味が深かった。かくして、サトシは兄姉の中で一人前になったのだ。大いなる自信と自負をわがものとしただろう。

翻って、ハジメとアケミにも意味があった。力ある者の身勝手な振る舞いを抑えて、自分を制することを学んだのだ。アケミは中学入学を目前にして、小学校の落ちこぼれの経験から、中学校では落ちこぼれないようにと心落ち着かない日々なのだろう。そんな先走りの気持ちを振り切って、結局はシラハラ山に出かけたのだね。ビクビク怯えて、気持ちばかりが前倒しにならないように、存分に雪山で遊ばせよう。

雪にはまっても、誰も安易に助けを求めず、誰も安易に助けの手を出さずにいられた。努力の経験があればこそ、自分や他人の努力の限界を知ることができる。そして、真に助けを求めるべき、また助けが求められている境目を知るようになる。互いに生きとし生けるものの仲間になるのだ。日常の生活の中でも、このように気合いとエネルギーに満ちていれば言うことはない。そうじゃないから、まだまだだね。

【サトシの手紙】

先生へ

ぼくは、またシラハラ山へ行きたいのでつれていってください。ぼくと、にいちゃんと、おかあさんと、先生でいきたいです。昼ごはんはチーズフォンデュです。いついくかというと、第一きぼう・二／二六、第二きぼう・三／一一、第三きぼう・三／一九、第四きぼう・三／二五です。先生にたのみごとがあります。スコップを一本もってきてください。山へつれていってください。

サトシより

【先生の返事】

サトシ君

君の手紙を読みました。シラハラ山は美しかったですね。先生も君達と一緒で、とても楽しかった。カネミネ峠も、君は大人と離れても一人でとうとう登りましたね。たのもしかった君に先生はとてもうれしく思いました。君は強いかしこい小学生です。

シラハラ山やカネミネ峠の雪の中を登った小学生は、君のほかにはおそらく誰もいないでしょう。君はそれほど強い子です。自信を持って学校の勉強にも少林寺拳法にも運動会にも元気いっぱい、はげんでください。

勉強がむずかしいとか、走ると負けそうとか、泣き言をいってはいけませんよ。むずかしい勉強も、負けそうな競争も、めそめそしないで君ならやりとげることができます。先生は君を信じています。あの雪の山をいっしょに登った仲間がめそめそするはずがないと信じています。

またいっしょに山へ行きたいですね。ところが残念ですが、君が予定した日にはどれも先生は仕事の用があって、いっしょに行けそうもありません。シラハラ山には君は一度行ったことがあるから、先生ぬきで行けるのではないでしょうか？　行けますよ！

先生ぬきで行ってみなさい。行くことにして、計画を立ててごらんなさい。わからないことは先生が何でも教えますから大丈夫です。もちろんスコップでも何でもいるものはお貸しします。えんりょなく言ってください。

まずは地図を本屋で買ってきて、去年行った時のことを思い出しながら、時間を考えてください。君が全部覚えていなくても他の人達が覚えているでしょう。はっきりしないことは先生にたずねてください。記録もありますから（君も日記に書いておくとよいですね）、教えることができます。

シラハラ山が君を待っています。先生も君のすぐ後ろを気持ちの上で歩いていきます。ふりかえっても先生は見えませんが、空中にいますから安心して歩いてください。あの雪の原で思うぞんぶん遊んできてください。行ってどんなだったか必ず教えてくださいね。

山の先生

【サトシの報告】

シラハラ山

行く時間が三十分オーバーしてしまいました。神社についたらびっくりしました。なぜかというと、雪のつもり方がぼくの背より高かったからです。行く用意をしてからのぼりはじめました。

はしのところで青いものを発見しました（それは雪?）。その先に行ったらきゅうにのぼっていきました。そこをのぼっていったら足あとがあったので地図とその足あとを見ながらいきました。もうちょっと行ったところで人の声がしたので見ていたら人が下りてきました。だからそこをちかみちとして登りました。それからも足あとをたどっていきました。もうちょっとしたら休みました。その時、姉ちゃん達が雪合戦をしました。ほっといていこうとしたら、ついてきました。そのまままっすぐ行ったら、人がいました。

その人達は、かまくらをつくって休んでいました。ぼく達はそのまま行きました。そして、行ってみたら、強風でした。そのまますすんでいきました。ぼく達はまっていて、お母さん達がいいばしょをさがしに行きました。ぼく達は、すべってあそんでいたら、お母さんが見つけたらしく、ぼく達をよびました。そっちに行ったら、兄がほっていたのでぼくもほりました。姉がかわってと言ったのでかわりました。

その後、風よけができたので昼ごはんにしました。ぼくははしを切りにいきました。はしを切りおわったので、とりでにすわりました。チーズフォンデュができたのでたべました。たべたあと、ソリであそびました。すこしたったら、しらないお姉さんがきました。あそぼといってあそびはじめました。おねえさんのなかまがきたのでぼくらもちょっとあそんでからかえりました。かえりは、坂だったのでらくでした。みちをショートカット！を二回してはしったりもして、あそびながらかえりました。ついたのは、五時くらいでした。

サトシ

第十八話

ヂダカラ岳

◆二〇〇〇年　立夏◆

ハジメの不用意ここにきわまる

微かに見えた良い兆し――花崎佑子

中学一年の二学期も期末テストを残すだけとなりました。テストを目の前にしても、ハジメの問題集は二学期どころか一学期の単元もほとんどが白紙でした。一学期の個人懇談で言われたことも、ソラガイ山の経験も、何も残っていないのかと愕然としました。今までなんとなく過ごしてきた時間がそのまま続くだけのようでした。どこに君のやる気のスイッチがあるの？　どこにもないの？　そう叫びたくなりました。

案の定、テスト結果はどの教科も惨憺《さんたん》たるもの。日頃の姿を見ていればわかることですが、ハジメは平然としていました。何事もなかったように過ごしているハジメにしびれを切らした私は、問題集を最後までやり通すという約束を取りつけました。

「二学期のことは二学期で終わらなければ意味がないよ。いつまでにできるの?」「一九九九年の十二月三十一日」「年末は温泉に行くけど、問題集ができないままに新年を迎えるのはおかしな話だね」。しばらく黙って待っていると、「わかった。その時は、僕は行かない」「そうね。直前に言われても困るから期限を早められない?」「十二月三十日の二十三時五十九分五十九秒」。

その気になって取りかかってくれればと期待したものの、ハジメは焦っているようには見えません。期限が迫っても昼間は妹弟とテレビを観たり、遊びに出かけたりしています。帰宅した私の顔を見ると、居心地が悪いのか自分の部屋に閉じこもって『ゲド戦記』を読んでいました。言いたいことは山ほどありましたが、気持ちを抑えて「もう遭難しかけてるよ」「温泉には行くの?」と二、三度声をかけるだけにしました。私は気持ちが焦るばかり。やれ大掃除と言っては気を紛らわすしかありませんでした。

十二月三十日、ハジメは遅くに起き出し、朝食を終えて部屋に閉じこもりました。土壇場だと焦ったところで、もう間に合いません。そんなこともわからないのかと情けない気持ちになりましたが、焦るという気持ちがまだあるのかと少しだけホッとしました。

「約束の時間が過ぎたよ」「まだできない」「できるまで待っていたら約束じゃないよ」。残りは理科が二ページ、数学は十ページ、国語は二十ページ、英語はほとんど手つかずの三十二ページ。「それでどうするの?」「家に残って続きをする」。

どれだけ頑張ろうが、期限を守らなければ意味がないことを何と言ったら理解させられるのかと考えました。ところが、ハジメはもう次のことを考えています。「食事代を置いていって」「ハジメ、温泉に行けないだけで済むのは、約束が家の中の取り決めだったからだよ。外ではそうはいかないわよ。ところでどうするの?」「続きをする」「期限を設けないと間に合わないよね」「三学期までに終わらせる」「じゃあ、冬休み中ね。冬休みの最後にはスキーに行くけれど、それはどうする?」「それまでに終わらせる」。

私との二度目の期限は一月七日となりました。今度こそは理屈なしに仕上げさせなくてはならないと思いました。

ハジメにとっては、うるさい親兄弟もおらず、テレビ競争もない、ゆったりとした年越しになったようです。一人残したハジメを心配して宿から電話をかければ「今、テレビでドミノ倒しを観てる。何の用事?」。さすがに私も腹が立ってきました。

年が明けて元日、家に戻るとハジメはまだ寝ています。「年が明けたよ。君の二〇〇〇年はどう?」と尋ねると、「何も変わらない。夜明け頃にいつもと変わらずに鳥が啼《な》いていた」「そうか、ハジメはまだ一九九九年だったよね」。

変貌を期待した試みも、一人で気ままに過ごす心地よさだけを与えたようでした。次のチャンスはスキー行です。年越しが何の効果もなかった今、同じことを繰り返しても仕方がない。今度はどうしたものかと、私の頭の中はいっぱいになりました。

お正月早々から仕事がある私には、家でのハジメの様子がわかりません。帰宅して「スキーに行くの？」と聞いても、ハジメの返事は相変わらず「ウン」というばかりです。机の上を見ると、数学、理科はできあがっていましたが、国語の問題集は開かれたままで、とても英語までできそうにもありません。

スキー出発前夜、ハジメは「残りの英語の二十七ページは家でする」と言い出しました。悔しそうでも残念そうでもありません。「とても信用できない。家に一人でいてできるはずがない」。ハジメも一緒に連れていくことにしました。ハジメは何も言わず、早々に眠ってしまいました。

スキー場に到着後、十三時から十六時まで車中で勉強です。私が運転席で本を読んでいると、「お母さん、気が散るからどこかへ行ってよ」と邪魔にします。「お母さんはずうっと付き合うつもりできたの。気にしないで」と、黙って本を読み続けました。

宿に入り、十九時半まで勉強。その間にアケミ達が戻ると気が散ります。皆が寝静まった一時頃になると、気が散ることもなくなり、「明日はスキーができるかもしれない」と呟きました。三時半頃、部屋の中も寒くなり、お腹も空いてきたのか、続きは明日と言って手を休めました。残りは四ページです。

このまま続けてやり通そうと勧めると、「お腹が減った。どうしようもなくお腹が減った」と繰り返すので、気分転換にカップ麺を食べました。食べ終わると、何も言わず再び勉強に取りかかりました。私がウトウト居眠りを始めた頃、突然、部屋の電気を消す音がしました。「終わったよ」。無表情で言ったかと思うと、あっという間に床に入りました。

翌朝、ハジメに「今日はどうするの？」と尋ねると、「勉強する」。まだ、冬休みの宿題が残っていたのです。「スキーがしたい」。小さな声で言いました。アケミ達は「今日は初めてリフトに挑戦する」と張り切っていました。それを聞いたハジメが、「いいなぁ」とこぼしていたことを思い出しました。

「やっぱり、今日は朝から一日中スキーをする」と誰に言うでもなく呟きました。勉強道具しか持ってきていないハジメは「これでは濡れるな」と言いつつ、「まあいい。滑ろう」と一人呟いています。冬休みの宿題は、今夜帰宅してから明日一日でやると決めていたようです。甘いかなと思いつつ、一つ余っていたウェアを貸すことにしました。

子ども達は初めてのリフトに怖じ気づきもせず、楽しくて仕方がないといった様子です。「子どもだけでも行ってみる？」と声をかければ、「待ってました！」と出かけていきました。たくましくなった子ども達の後ろ姿を見て嬉しく思いました。

思う存分、下手は下手なりに、ハジメはハジメなりに滑って満足したのか、帰宅したハジメは黙々と机に向かっています。この様子に私は、スキーをすると決めたハジメを止めなくて良かったと思いました。「車で二時間寝たから、今夜は一時まで勉強する。それで半分はできる」と、はっきりと言いました。私は一時まで隣で付き合いましたが、前日は邪魔にしてきたハジメも、今日は歓迎するように荷物をどけてくれました。

春休みも終わり、ハジメは中学二年生になりました。入学当時の緊張や興奮もなくなり、ただただ平坦な毎日を過ごしているように見えました。日々の予定や振り返りを書く記録もほとんどが白紙、学校から手渡された問題集も私が言わないと取りかかりません。家の中のハジメは以前と変わらない。山を下りた時や、スキー場から帰ってきた時のハジメが消えてしまいそうで、なんとかしなければと山の先生に相談を持ちかけました。

先生から一泊二日の山行きを提案されました。ハジメに調理道具からテントまで持たせ、一人で夕食から寝床まで準備をさせる、というものです。小学五年生の時、学校の野外学習で飯盒《はんごう》を使って食事作りをしたようですが、ハジメが実際に作業をしていたのかどうかは怪しいもので、誰かが作っている横でお喋りしていたような気がします。テントを組み立てる手順も覚えていないでしょう。できるわけがない。これまでに一人で自分の衣、食、住を調《ととの》えるなんて考えたこともないでしょう。しかも、出発は一週間後に迫っていました。

出発の三日前、山への持ち物が書かれた先生の手紙をハジメに渡しました。こちらからは何も言い出さないと決め、ハジメが言い出すのを今か今かと待つばかり。ハジメが声をかけてきました。

「荷物は少ないなぁ」「なぜ？　いつもより少ないわけがないでしょ」「そうか。いつものは書いていないだけか。テント。寝袋。味噌。米と鍋……」と思い出しては口にします。何も言わないと決めていた私も、のんびりとお風呂に向かうハジメに「山はいつ行くの？」と、つい尋ねてしまいました。「しあさって。あと二日か」。ハジメは独り言のように答えました。いつもよりお風呂から早く出たハジメは、手紙を見直し、水は要らないのか先生に尋ねておいて、食材は自分で買いたいからスーパーへ連れていってほしいと頼んできました。

出発前日、二人でスーパーに向かいました。いつのまにか買うものが紙に書いてあり、思ったよりも早く終わりました。その帰り道、ハジメの持ち物にカメラが入っているかどうかがわからない私は、現像を頼んでおいた写真を受け取るため、カメラ店へ立ち寄りました。案の定、そこでカメラを持っていくことに気づいたようです。

ワザとでないようにワザとする。気づかれないように、気づかせる。これほど大変なことはありません。先回りして手や口を出せば、表面上は滞りなく進むでしょう。これまで私はその安直さに寄りかかり、何事も簡単に済ませてきたのです。特に、子ども達を山に送り出す時、私はそのことが強く気になっていました。

家に帰ると、ハジメは山行きの荷物を部屋中に並べました。今夜はハジメから声をかけてきました。「これでいいのかなぁ」「ハジメが順に考えて用意したなら、いいと思うよ」。

食べることも、寝ることも、私も知らないたくさんのことも知らないままのハジメを送り出すのです。山に向かう車中、静かに眠っているハジメを見て呆れましたが、いざ見送る時には、いつものように満足気な笑顔で無事に帰ってきてほしいと願いました。

ハジメ不在のわが家は、いつもと変わりません。ふと、アケミが「お兄ちゃん、何してるかな」と言っただけでした。ひもじい思いしているかな、寒くしていないかな。あまりにも静かな山の夜、「怖いよ」とめそめそしているハジメの姿が目に浮かびました。

少し早めに迎えに出た私は、あちこちを歩き回っていました。釣人達の目を引いたようで、遠巻きに見られていることに気づき、仕方なく折り畳み椅子を出して本を読み始めました。

一行読んではハジメが来るはずであろう方向に目をやります。何度も繰り返していると、遠くに熊除けの鈴の音が聞こえました。音のするほうへ行こうとして、ふと我に返り、また椅子まで戻りました。音が近づいてから立ち上がると、ハジメの姿が目に入りました。ハジメも私に気がついたようで、いつもの照れ笑いのような顔をしていました。無事に帰ってきた！　私は静かに「おかえり」とだけ言いました。

後から聞いたところ、ハジメは山中で先生と約束をしたそうです。期末テストで英語九十点、数学九十五点、国語八十五点を取るというもの。「そんな点数が取れるわけがない」。私は驚きましたが、ハジメはあっさりと約束を引き受けたそうです。ハジメが自分自身を知らないことにがっかりしました。

それでも、この約束によって少しは変わるかもしれないと、心の片隅で期待していたのも束の間、ハジメはいつもの姿に戻っていきました。学校のカバンの中には、本来はファイルするものやノートに貼るもの、かなり前にもらったと思われる連絡事項の紙、何もかもがごちゃごちゃになっています。約束の「や」の字も意識していないと感じ、力が抜けました。

山の写真ができたと伝えると、カバンの整理もそっちのけで写真の整理を始めました。傍で見ていたアケミから「簡単そうね」と言われると、「お前もこの荷物を持って登ってみろ！」「ここが最大の難所だったんだ」などと山の話に力が入りました。

「その通り。こんなにすごいことができるのに、どうして日頃の生活ではできないの？」

私はハジメの姿を見ながら、誰とはなしに呟いていました。

やがてマグマが地殻を変える――西木大十

サトシは跳んだ。アケミは進んだ。ハジメだけが取り残されている。

「鉄は熱いうちに打て」の通りの様相である。小さい者ほど変わることはたやすい。まだ人格の芯が固まっていないからだ。ハジメは、中学二年生になっても幼い頃とさほど変わらない。同じように忘れ物をし、人から指図されなければ取りかかることができない。これまでの試みは、残念ながら表立った効果に乏しかった。

一泊山行に連れていき、テントの設営から食事の支度まで全てを一人でさせてはどうだろうか。ぼんやりしていれば、夜になって寝ることにも食べることにも苦労する羽目になる。

空腹があるから満腹に喜ぶのだ。寒さに凍えるから温かさが嬉しいのだ。根こそぎの苦の経験の最中に、初めて自分が鮮明に意識されてくる。それがなくては、自分という感覚も感じられはしないだろう。感情さえ希薄な生き物になってしまう。まさにハジメがそれだ。今回は頂上到達目的の登山ではなく、生活自立目的の登山を計画しよう。

それにしても、テントの備品についても自分で確かめないとはね。重たかろうが、ザックにあふれようが、全部をハジメにやらせよう。迂闊に世話を焼いては、この企みの意味がなくなってしまう。テントの張り方がわからず暗くなっても放っておくのだ。食べ物を作れなくても知ったことではない。二、三の候補地のうち、登る行程は難しいけれども、比較的近いヂダカラ岳を選んだ。

五月の休日に、ハジメはザックにテントを括りつけて山の麓へやってきた。それでは雨に濡れてしまうぞ。「ハジメ、何か持ってほしいものがあれば言いなさい。少しはこちらのザックに入れられるから」。テントを持つことになった。

無雪期にも積雪期にも何度も登った山だが、初めての谷ルートを登ることにした。どういうわけかハジメは蜘蛛を避けた。ソラガイ山やオオタルミでは虫を怖がることはなくなったのに、アケミのヒサゴの谷と同じく見事な逆戻りである。

途中で偶然、尾根筋のわずかな切り開きに出くわした。ヤブがうるさかったが、足取りははかどった。新緑が美しい。スミレが咲いている。ルートは残雪のある頂稜《ちょうりょう》に突き上げた。

重い荷を背負いながらも平気でヂダカラ岳の頂上にきた。写真を撮って、すぐに反対側へ下った。

谷は雪渓となっていた。枯れ枝を杖として固まった雪の上を慎重に歩かせた。雪渓も切れて地肌が出たところが、地図を読んで心づもりしていた今日の野営宿泊地である。二本の谷が合わさってテントを張れる平坦場が見つかった。「ハジメ、ここにテントを張ろう」。

さて、ここからが今回のハイライト。「先生は味噌汁の具を探してくるから、君が一人でテントを張りなさい」。ハジメはえっという顔をした。「ところでテントは二人用だろうね?」「多分、一人用です」。なに? 多分?

「テントは君が用意することになっていただろう? 確かめなかったのか?」「家にあったものをそのまま持ってきた」。これには面食らった。登り口で受け取った感じでは、一人用ではないと見当はついていた。ハジメはぼんやり立っている。「ここに床部分を広げてみなさい。一人用なら下山も考えなければならない」。ハジメは広げた。馬鹿もん、それはテント本体じゃない、フライシートだ!

「それが床なのか?」「はい」「間違いないか?」。ちょっと考えるふうだった。「思い出した。これだ」「そっちが床か?」「はい」。今度は間違いない。「それなら二人寝られるね」。

ハジメはホッとしたでもなく黙っている。何も感じないのだよ、佑子。

「背中がゴツゴツしないように整地して張りなさい。時々、鈴を鳴らして熊に注意しなさい。暗くなるまでには帰ってくるからね」。一人にさせておかねばならない。「テントを張ったら、自分の分のご飯を炊きなさい。味噌汁は後でつくろう」。

竿を手にして谷を下った。まったく当たりがなかった。まだ四時半、日没には間がありすぎるが致し方ない。ワサビをおひたし用に採りながらテント場へ戻ることにした。ハジメが設営に難儀しているとよいのだが。だが、テントは立っていた。ハジメは飯盒でご飯を炊いていた。「君のができたら、飯盒を貸してよ」。

ハジメは自分で炊いた飯盒飯を口に入れた。「わぁ、芯がある。水を足して炊き直す」。結局、二度目もこげついて、飯盒が借りられなかった。ワサビのおひたしと味噌汁を添えて夕飯は済んだ。こびりついた米の一粒一粒をハジメは摘んで食べていた。良いことだ。食べ物の大切さが身に染みるだろう。イワナがあったら、魚は嫌などとゴタクを並べないで丸ごと骨まで食べただろうに惜しいことをした。

さて寝るとしよう……ややや！

「ハジメ、地べたをならしたか？」「いや」「床に寝転がって地べたの具合を調べたか？」「しませんでした」「こちら側は石が飛び出て背中に当たるよ」「シュラーフがあれば痛くはないと思います」「へえ、そうか？　では君がこちら側で寝ろよ」。残念なことにハジメの背丈では背骨から石がはずれた。背が痛くて一晩中眠れないとよかったのに。

「学校ではどうやっているの？　数学は得意？　試験は何点だったの？」「八十五点」「通信

簿は五？」「三です」「八十五点でなぜ五じゃないの？」「授業態度が悪いから」「それはどういうことなの？」「ううん……」「国語は？」「悪い」「どんな問題が出るの？」「作者の気持ちはどうとか……」「そうか。それより作文が大事だ。自分が見たこと、したこと、考えたことを、言葉で表すのが作文だ。言葉で表すことができるのは人間だけだ。猿にはできない」。そのうち、ハジメの寝息が聞こえてきた。夜半に激しく雷雨がテントを叩いた。何度も稲光りがまぶたをうった。

朝が来た。温かいラーメンが旨い。「ハジメ、授業に集中しなさい。難しいところを登る時に君は集中するだろう？　授業も同じ。そして学期末試験はもっと良い成績でなければ」。

さて、テントをたたんで下山しよう。ところが、である。見ていると手当たり次第にザックの中に詰め込んでいる。当然、入り切らない。「一度全部出して並べなさい！　いいか、順番に考えながら詰めるのだ。シュラーフは縦ではなく、縮めて横向きに入れなさい。空の飯盒に入れられる物があるじゃないか。そこの隙間にも入れられる物があるだろう？」。

中学二年なら、そのくらいの知恵はあるものだ。ともかく遅れている。「ほら、すっかり入った。いつも目先だけじゃなくてその先も考えるのだ」。そう言っても、一度の事件から普段の自分の行動へ一般化する意識は育ってはいない。このような事件を繰り返し経験することが要るのだ。

ようやく出発だ。途中で小雨が降り出した。今回は写真をあちこちで撮ることができた。

カメラを向けると、ハジメは気張ったポーズを取った。オオイワノ谷のなよなよした姿とは雲泥の差だ。谷の岩が濡れて光っている。雨もじきに止んだ。見上げると、ピンクの石楠花《しゃくなげ》が陽に映えている。緩い傾斜の谷を気楽に下っていく。もうすぐ林道との出合いと思っていたら、突然、池のような大きな淵が現れた。何だ、これは！

岩陰から透かして見ると、遠方に堰らしいものが見えた。どうやら大きな堰堤の手前の貯水だ。両側は岩崖だ。縁も背が立たないくらいに深い。まだ泳ぐには時節が早すぎる。仕方がない、高巻きだ。岩をつかみ木にすがり、やっと尾の鼻まで登った。さて、下降は簡単ではない。ハジメにシュリンゲの自己確保も教えた。

「いいか、よく見ろよ。結び方、カラビナのつけ方、間違えずに正しくやれよ。間違えたら墜落だ」。表情が多少は引き締まったようだ。先に下りてビレーを取り、ハジメに合図した。合流して自己確保させ、また先行して下った。それを何回も繰り返した。「ハジメ、集中しろ！　いいか、授業も今と同じように集中しろよ」「そうだ、そこを下りてこい。大丈夫、集中だ！」。

石楠花の中に突っ込み、草つきをトラバースし、やっとのことで下方に谷の水が見えてきた。堰堤の端も見えた。林道もあった。

佑子との待ち合わせは午後一時。すでに二時間遅れだ。心配して待っているだろう。崩れた道の先を回り込むと、小高い道の端に佑子が座って本を読んでいるのが見えた。離れて見ているると、道から見下ろす母と、谷から見上げる子が、一言二言笑んで挨拶を交わした。ほのぼのとした光景である。

「ハジメは、シラハラ山、オオタルミ、このヂダカラ岳とどれがいちばん面白かった？」「オオタルミとヂダカラ岳は同じくらい。シラハラ山より面白かった」「へえ、そう？　雪遊びは美しくて楽しかったんじゃない？」「でも……、前の時よりとても風が強かった」。ただの楽しさよりも、困難の緊張とスリルがいいと言うのか。どこか人格の底に響くものを感じたのだろうか？　もしそうなら希望があるよ。

「ハジメ、ヨドミヶ岳とソラガイ山は？」。ところが、誕生日の写真を頂上で撮ったこと、雲の中を歩いたこと、真っ暗闇を下ったことなどを言っても、「ヨドミヶ岳とソラガイ山は覚えていない」と仰せられたのである。思わず佑子と顔を見合わせた。

【先生の手紙　その一】

ハジメ君

　今週末の一泊山行の連絡をします。用意するものを記します。

一：住　二人で使うテント一式を君が用意してください。自分用のシュラーフとマット。

二：食　バーナー（コンロ）とガス一式。ナベ（二合半の米が炊ける大きさ）一個。自分用コップと箸。自分用夕食分の米とみそ汁の味噌。自分用朝食用食パンとスープ。自分用昼食用カップラーメン。自分用非常食とおやつ。イワナを釣る予定。
三：衣　着替え一式（予想気温を参考に）。
四：行　ヘッドランプ。地図入れ（地図はコピーして差し上げます）。コンパス。鉈とシュリンゲ、カラビナなどはお貸しします。シュラーフと着替えは決して濡れないようにビニール袋に入れてからザックに入れること。ザックカバーもあるとよい。
行き先は天気予報を見てから決めます。とりあえず以上を連絡します。

山の先生

【先生の手紙　その二】

ハジメ君

授業に集中する男の約束を守れ（国語八十五点・数学九十五点・英語九十点）。国語や数学や英語を間違えても死にはしない。ヂダカラ岳では死ぬ。でも、ヂダカラ岳の集中は一日で済んだ。かわりに授業の集中は毎日です。ヂダカラ岳と授業の集中では性質が違うことがわかるでしょう。どちらの集中も重要です。君なら両方ができると信じます。

シャクナゲの斜面でザイルを組んだパートナーが、授業にも集中できないとは思えない！君が滑落したら先生も落ちるかもしれない。先生が落ちたら君も引きずり込まれるかもしれない。ザイルを結んでなければ決してそうはならない。それがザイルのパートナーです。

授業で滑落しないように君に期待します。授業で滑落する君を見るのは、とても悲しいことです。君とザイルを結んでいません。だから、滑落する君を止めることができません。ただ見ているだけですから。

山の先生

第十九話

ヤチグサ川

◆二〇〇一年　小暑◆

アケミは言った　私は違う

揺れ動く心のあとに反抗期――花崎佑子

小学校を卒業した春休み、アケミは友達の声を気にしながら毎日を過ごしているように見えました。「もう、英語塾へ通っている子がいるの。英語の話は全然わからない」。ことあるごとに話しかけてきます。「アケミはアケミよ。中学校の勉強も英語もこれからのことでしょう」と言っても無駄でした。そのため、シラハラ山に誘われても気乗りしなかったのでしょう。そんなアケミが、吹っ切れたようにシラハラ山へ出かけたことは、とても良かったように思えました。

中学に入り一カ月も過ぎた頃、部活動を決める日が近づいてきました。入部先を決める前日、仕事から帰った私を待っていたように、アケミが「お母さん、バスケに決めたよ」と二コニコ顔で出迎えてくれました。その後はほぼ毎日、疲れたと言いながら、放課後練習にも朝練にも進んで参加しました。六月に配車当番が回ってきた私は、アケミ達を乗せて試合会場に出かけました。一年生はボール拾いで外から大声で応援します。帰りの車中では部活仲間と話が弾んでいます。

もう大丈夫と安心したのも束の間、アケミは休日の練習に出かけなくなり、朝練からも遠のき始めました。どうしたことかと心配しても、アケミから話は聞けません。

すぐに夏休みがやってきました。この夏休み、私はハジメの岬半島一周計画やサトシの少林寺拳法全国大会と忙しい毎日を過ごし、アケミを気にしつつもゆっくり話す余裕がありません。仕事から帰ってきて「部活はどう？」と聞くだけで精一杯でした。アケミは「コーチがよく怒る」と小声で言いました。二学期もひと月が過ぎようとする頃、やっと犬の散歩を口実に誘い出し、アケミと話す時間を作ることができました。

最初は怪訝《けげん》そうな顔をしていたアケミも、歩き始めると学校のこと、友達のこと、教師のことと話が途切れません。一回目の散歩は延々と一時間半も歩き回りましたが、部活についてはお互いにふれませんでした。

二回、三回と散歩を重ねるうちに、「コーチはすぐ大声で叫ぶ」とアケミが口を切りました。「どんなふうに？」「『走れぇ！』『何やってる！』とか」「コーチは真剣なんだ。勝負がかかっている時に笑う人はいないものね」「あんまり好きじゃない」と言ったきり話題を変えていきました。

アケミは「転校したい」とも言いました。今の自分が嫌いではないけれど、「違う自分」になってみたい。小学校からずっと今までの自分を知っている学校では「違う自分」にはなれない、誰も自分のことをまったく知らないところで暮らしてみたい、と言うのです。

「違う自分」とは何なのかは、具体的には出てきません。昔、私もそんな気持ちになったことがあるけれど、アケミと同じぐらいの年頃だったかしらと懐かしい気持ちになりました。

そんなふうにして、兄弟の前では話せないことも話すようになり、アケミの表情はすっきりしていきました。

犬の散歩に二人で出かけるようになって六回目にもなる頃、私のほうから「最近、部活はどうしたの？」と持ちかけました。顔が少し歪んだかと思うと下を向き、すぐに返事はありません。「バスケは面白くない」「面白くないって？」「まあ、色々ね」と言って話が途切れました。この頃から、アケミとは犬の散歩でなくても、二人だけの時間を見つけては話ができるようになりました。

ある日、アケミが登校時間を細かく気にしながら出かけていくことに気づきました。どんなに早く準備ができていても家から出ていきません。「どうしたの？」「今、出かけたら朝練が終わった先輩達と顔を合わせることになる」。そう言って時計を見ています。

町内運動会では、先輩達から逃げるように歩き回っていました。学校では部活仲間から逃げ隠れし、部活を続ける、続けないと決めることからも逃げている。これは急がなくてはいけないと、再び犬の散歩に誘い出しました。

「全然部活に参加していないみたいだけど、どうしたの？」「……」「先輩達に会わないように、いつも逃げ隠れしているの？」アケミはしばらく考えるようにして黙り込みました。やっと出てきた言葉は「私にバスケは合わない」。

「合わないってどういうこと？」「……先輩達が陰でコソコソ私達のことを言っている」「どんなこと？」「今年の一年生はやる気がないとか。お兄ちゃんは関係ないのに、あなたの妹はやる気があるのかと言ったらしいし。そういうのはイヤなの」「陰でコソコソ言われるのは気分が良くないね。でも、やる気があるのかと言いたい先輩の気持ちはわかるよ。続ける気があるのかないのか、はっきりしてほしいだろうね」「嫌なの。合わないんじゃなければ、キライなの」。そう言って話を逸らしていくアケミに、「続けるのか続けないのか。決めることは大事なことね」と付け加えました。

　部活の話題が途切れがちになったある日、私に部活の保護者会の連絡が届きました。連絡をくれたお母さんも、アケミが参加していないことを知っているので遠慮がちです。私が快く引き受けると、それを知ったアケミが黙っていられないという顔で近寄ってきました。

「お母さん、私はバスケをやめるよ。保護者会に参加する必要はないよ。部費も払うこともないと思う」「やめる、やめるとここで言っていても仕方がないね。学校でやめると言わなければ、やめたことにはならないよ。お母さんは部員の保護者だから、保護者会も配車当番もするつもり。もちろん、部費だって払うわ」。顔を歪めたアケミは何か言いたそうでしたが、言葉が見つからないとでもいうように、私の傍から離れていきました。

保護者会当日、アケミは私と顔を合わせないよう、部屋に閉じこもっていました。「行ってきます」「本当に行くの？」「保護者だもの」。保護者会では、今日は子ども達の練習も見てくださいと言われました。アケミの友達の顔が見えます。アケミ一人の姿がないと見せつけられたような気がしました。

「練習、見てきたの？」「見てきたよ。そうでなきゃ、アケミのことがわからないでしょ。アケミはバスケが嫌いじゃないの？」「嫌いなわけじゃない。面白いと思うけど、あんなに練習してうまくなろうとは思わない」「アケミ、そろそろはっきりさせよう。どうすれば退部になるの？」「……退部届けに理由を記入して、提出すればいいと思う」「それが退部の始まりね。いつまでも中途半端でいいわけないじゃない」「わかった。明日もらってくる」。

アケミはすっきりと答え、もう大丈夫と安心させてくれるような笑顔をくれました。それでも退部届を目にするまで、私は落ち着きません。

翌日、帰宅したアケミは「忙しくて先生に会えなかった」と言いました。本当に大丈夫かしら、昨日の笑顔は本物だったと思うけれど……。翌々日も退部届を持ってきません。部活の顧問はアケミの学級担任です。三日後の個人懇談を控え、それまでに区切りをつけようと私は話しかけました。

「個人懇談で先生はきっと、部活の話を持ち出すね」「きっと言うね。『どうしてなの？　皆と一緒に頑張ろうよ』なんて言われると弱いのよね。私がそんなことを思ってもいないなんて知らないだろうね」。

アケミの言葉を聞きながら、先生にノーと言えない学校での姿が目に浮かびました。「アケミさんは頼まれたことはちゃんと最後までやってくれます」という担任の話を何度聞いたことでしょう。小学二年生の不登校の時も、先生に何も言えず、学校へ行けなくなりました。

アケミは初めて、他人に「私は違う」と真正面に立って言う時が来たのです。私はただ心配するだけで、どうしていいのかわかりません。懇談前日もアケミは退部届を持ち帰りませんでした。「大丈夫。本当に先生と会う時間がなかったの。職員室に行ったら、先生がいなくてどうしようもなかったの」。

もう逃げ道は作らせない。「アケミ、お母さんは退部届を持ってくるまで懇談には出席しない。先生と会えなかった、を何回も聞くつもりはないよ」「本当に、先生になかなか会えないんだよ」と言いながら、アケミは真顔で考え始めました。

懇談当日、私は車の中でアケミが来るように祈りながら待っていました。待ち合わせの時間を十分ほど過ぎた頃、アケミがやってきました。「はい、これ。意外と簡単に会えたの。

教室の前で待ち合わせせね」と言ったまま、友達と一緒に走り去っていきました。
体の力が抜けるほどホッとしました。ついにやった。自然に笑みがこぼれてきました。懇談を終えて帰宅し、何事もなかったかのように振る舞うアケミを見ながら、私も何でもないことのように退部届に判を押しました。

退部問題に明け暮れた二学期が終わり、三学期を迎えたアケミはどこか物足りなさそうでした。退部したからといって何かが始まったわけではなく、毎日が単調に過ぎていきます。アケミが、自分は何かができるのだ、何かをしたことがあるのだ、ということすら忘れてしまうのではないかと気になり出した私は、山の先生にアケミを連れ出してもらうようにお願いしました。時期は早春。山は雪で真っ白になっていることでしょう。

春休みの前に、先生とアケミはイデミズ山へ出かけました。雪の山を登りながら色々な話をしたそうですが、帰ってきてからのアケミは相変わらずのアケミでした。

二年生になってもアケミは動き出しません。やりたいことがないと言って、次第にアケミの生活はだらしなくなっていきました。部屋の中は散らかり放題となり、布団の周りは教科書や使った給食の箸やナプキン、脱ぎっぱなしの服や漫画、紙くずでいっぱいです。朝の登校間際に布団の周りから教科書を探し出して拾ってゆく姿には驚きました。これまでにこんなことはありませんでした。早く何かを見つけなくては！

まずは室内のフリークライミングに誘いましたが、二メートルほど登ると「怖い、下ろして！」と叫び始めました。「どうしたの？　あんなに滝を面白そうに登っていたじゃない」「だって、滝のほうが面白いし怖くないもの」。「滝より安全だよ」と、コーチの女性も驚いた顔で見ています。次に、絵画教室の案内を取り寄せました。「へえ、意外とあるものね」と言いながら、満更でもない顔をしています。教室見学に出かけると、「一つ描いてみてください」と色紙大の紙と鉛筆を渡されました。嫌な顔もせずに受け取ったアケミの様子に「通ってみようかな」という言葉を期待したものの、見学が終わると「私は通わないよ」と軽く言われただけでした。

ある日、二人きりになった時、「最近のアケミはおかしい。身の回りのことにだらしなくなってきたよ」「お母さんの言うことには、そうかと思うところもあるけれど、私は違うと言いたいの。頑張って反抗してるの。わかる？」「アケミの反抗は、自分のやるべきこともしないで、ただ逆らっているだけだね」「そう？　でも反抗するの」。幼稚な反抗はいつまでも続きます。給食の箸やナプキンを一週間分まとめて出す。お風呂場のバスタオルも湿ったまま部屋に置いておく。食後の片付けはしない……。アケミの態度は許せないレベルになっていきましたが、そのたびに注意しても「ハイハイ」と軽く返事をするだけでした。

山の先生へ相談しに出かけました。何を言っても誰かがやってくれる。そんな今の状況とはまったく違う、自分が動かなければどうにもならない山登りへ連れていってはどうだろうと、山の先生との話が進みました。

真っ暗な山中で一泊し、食事はアケミが嫌いな魚にする。文句を言ったところで、お腹が空いていれば食べるしかなく、暗いと言っても他に寝るところはない。そういう山登りの段取りができました。さて、私の大仕事は今のアケミを山へ連れ出すことです。アケミに山登りの話を持ちかけると、案の定「行きたくない」という一言でした。

「今のアケミはとても見ていられない」「私は何も変わらない。今のままでいい。お母さんが決めたって行かないものは行かない」。日を変えて、「お母さんの命令です。何と言おうと連れ出します。山の先生にも頼んであります」「決めるのはお母さんの勝手でしょう。私は知らないから」「ハイ、わかりました。じゃあ、勝手に決めます」。私の一存で山行きを決め、数日後、アケミには「八月四日朝七時、市営駐車場集合」とだけ告げました。アケミは何も答えません。

山登り前日、準備をしようと私はアケミの部屋に入り、荷物をまとめます。「持ち物は何が入っているか知らなくても大丈夫?」「お母さんが勝手に決めたんでしょう。私には関係ないもの」と、アケミは手を出そうともしません。私は黙ってリュックの口を閉め、アケミと話すこともなく床につきました。明日の朝、アケミはどんな態度に出るだろう。できることなら力づくは避けたい。寝つけない夜を過ごしました。

当日の朝、アケミは起きてきません。部屋に入り、声をかけました。目覚めてはいるようですが、布団から出てきません。気にはしているものの、起きて動き出すこともできず、私の様子を窺っているのでしょう。
「時間だから早く服を着て」。布団をめくると、「私は行かないって言ったじゃない。お母さんが勝手に決めたんでしょう！」「そう、決めたことは実行するの。誰が何と言おうと実行するの。早く服を着なさい」。寝転んでいたアケミのパジャマを脱がせ始めました。「何するの！」「アケミがしないのなら、お母さんが服を着させる」「勝手にすれば」「勝手にさせてもらいます」。

行く気のないアケミを横へ向けたり、座らせたりして服を着せていきます。アケミも少しだけ、体を持ち上げる動作をします。これなら行けると思った時、思うように靴下を履かせることができません。「赤ちゃんの頃はすんなりと履かせられたのに」と声が出ました。アケミがニヤッと笑いました。

「アケミ、これが反抗なの？」「そう」。また笑顔です。この笑顔で私は、登り口まで連れ出せると自信が持てました。車に荷物を詰め込むのにも、アケミを引っ張って車に乗り込ませるのにも時間はかかりましたが、泣き叫ぶことも強い抵抗もしてきませんでした。

待ち合わせ場所に山の先生が来ていました。アケミはタオルケットに顔をうずめたまま挨拶もしません。そのまま登り口に着くと、アケミはこっそりと景色を見ています。ここへたどり着くまでの様子を知らない先生は、普段通りに話しかけます。「これは君の分だよ」。カラビナやロープが渡されました。するとアケミは黙って車から降り、靴を履き始めました。

もう私の仕事は終わりです。「いってらっしゃい」と声をかけて帰りました。

その日のわが家の夕食は、アケミの夕食と同じ鯵の開きにしました。寒くて暗い山の中、アケミはどうしているのかしらと落ち着かない気持ちで床につきました。翌日迎えに行くと、アケミは清々しい顔で山から下りてきました。「おかえり」と声をかけると、いきなり「お母さん、夕べのおかずは何？」「鯵の開きだよ」とうっかり答えると、「やっぱりね」と、私と山の先生が結託していると勘づいたようです。

その日の夕食にと寄った魚料理店で、アケミは車を降りようともしないので、仕方なく鱒の塩焼きを買ってわが家全員の夕食としました。ハジメは何の抵抗もなく食べ、サトシは苦味のあるところを少し残し、アケミだけが最後まで口にしませんでした。他におかずはないので、アケミはご飯を食べることができません。夜遅く、「お腹が減った」と言うアケミの前に鱒を出すと、「仕方がないか」と言いながらきれいに食べました。今回の山登りの成果が出たのかと、私はホッとしました。

わが旗を守り通せよ　自律への峠――西木大十

その通りだ。初めてアケミが「自分は自分だ」と真正面から言う時が来たのだ。職員室に入って書類を受け取っただけに過ぎないが、その行為にはアケミの旗が立っている。

アケミとの二人行は小学六年の夏、ヒサゴ岳の源流まで遡行したのが最後だった。あの時は険しい滝を下って行き詰まり、登り返して下山してきたりしたが、そんなことよりもアケミの言ったことのほうが印象に残っている。「夏の調べものは、次々調べることが出て終わらない」などと言って、「先生、大学って何するところ?」と訊いてきたのだ。「今わからないことをもっとよく勉強して考えるところだ」などと話した。

アケミは昔の不登校の経験から、他人の動向が気になってしようがない。そして、他人に遅れまいとする気持ちが先走り、内容を伴わないまま話を聞きかじる。この時も、そんな具合だったかもしれない。だから頭でっかちなわりに、感情や情緒は幼いままに取り残されてきたようだ。しかし、谷間の白ザレで焼きそばを頬張りながら、真夏のからっとした陽射しを浴びるアケミの屈託のない顔からは、そんな歪みは窺えなかった。天真爛漫な顔だった。

中学一年の三学期に佑子から相談を受けて、バスケを退部したアケミを街道沿いのイデミズ山に連れていった。急傾斜の新雪は難儀なラッセルで、広葉樹林帯に登りついた時は十時を過ぎていた。ときにはアケミに先頭を行かせたが黙々と登った。とても昼までには頂上に行けそうもない。「アケミ、この辺りで昼食にして帰ろうよ」。素直に頷いた。

「バスケを退部したそうだね。何かわけがあったの?」「特別にはないの」「そうか。君がやめると決めたんだね。それでいいんだよ。自分で決めたことは自分で引き受けるんだからね」「私ね、この頃友達と話すことが少ないの。先生、モームス知ってる?」「知らない」

「やっぱりね」「何だい、それは?」「テレビよ。友達はそんな話ばっかり。観たらって勧めてくるから深夜番組を見たこともあったけど、面白くないからやめた。みんな、私の知らないことや、つまらないことを話しているからついていけない。でも、他人がどう思っても私はいいの」。

以前とはずいぶん違うことを言う。他人を気にしてばかりいたのに。変革期にいることがわかる。

「小さな子どもは、他人がなんと思っているか気にもしないね。自分がすることばかりに夢中だから。そのうち、他人がどう思っているかが気になり始める。好かれたいとか、嫌われたくないとか、よく思われたいとか、ね」。アケミは頷きながら聞いていた。「でもね、もっと大事なことは、他人が自分をどう思うかではなくて、自分がその人をどう思うかだよ。つまらない人とか、しっかりした人だとか、立派な人だとか、いんちきな人とか、信用できる人とかね」。

相変わらず風はない。まばらな小雪が降るともなくフライシートに溜まってきた。「アケミも大人の入り口に来たのかな。子どもから二時間くらいは登ってきたかな。大人の頂上はまだまだ遠い。アケミも登るんだね」。

アケミは恒例の焼きそばを三回もお代わりした。

「お家の夕食はにぎやか?　いろんな話が出るの?」「ううん。たいがい何も喋らないの」

「先日のニュースの話とか、僕は、私はこう思う、ああ思うっていう話にならない？」「ちょっとだけあったけど、普段はほとんど話さない」「その日一日のこととか、話さないの？」「別に」「そうなの？　お母さんは君達にどんなふう？」「よく怒る」「へえ？　あのお母さんが怒る？」「お母さんが正しいことのほうが多いけどね。私が正しい時は反抗するの。お母さんはずっと話し続けるけど、私は聞いてないの。うるさいな、このババア、まだ喋ってるって思ってるの。そういう時はね、馬鹿丁寧に返事するの。『ハイハイ、よくわかりました』って。でもね、私が聞いてないのがお母さんにはわかるのよ。ますます怒るの。だんだん声が大きくなる」。

「そうか、反抗していいんだよ。自分で得心したいものね。でもね、中にはお母さんが絶対自信があることもあるんだよ。子どもの君にはまだわからなくてもね。例えば、今アケミがあの下へ行って遊びたいと言っても、先生はダメだと言って許さないよ。どうしても行こうとしたら、力づくでも君を止める。雪崩が起きて死ぬかもしれないと知ってるからね。君は知らないけれど、そういうふうにお母さんが思ってることも、きっとあるよ。でも、得心しようとしてなら反抗してもいいんだ。するとお母さんも、事によっては意見を変えてくれるかもしれないね。そして、心配しながらもそっと君を見ていてくれるよ」。

とても良い傾向だ。こういう時期を経なければ、自分で考えて、その考えに自信を持って行動できる人間には育たない。親が設ける禁止と許容の境目がことのほか重要なことがわかる。そこに親の人間性が表れる。

今日もこういう話を聞いた。子どもが万引きしても親は平気。謝りにも行かないので、担任が連れて謝りに行くと、無理に連れていったと親が嚙みついてきたという。また、こういうことも聞いた。卒業したての女子高校生が、胸が苦しくなって行きすがりの人に頼んで（生まれて初めて自分で何かした、と本人は言った）親を呼んでもらった。彼女が言うには、これまで私は自分から何も言い出せず、全部母親の言う通りにしてきた。勉強は小学一年生からよくわからないままきた。もう短大には行かないで、小学一年生から勉強をやり直したい。


誰も万引きを止めず、勉強し直したい気持ちを誰も汲まない。佑子、日本は滅びそうだ。午後になると雪山は冷えてくる。神社の裏手は雪に埋もれた真っ白な平地だった。アケミは雪合戦を挑んできた。ひとしきり遊んだ後、先生の雪埋めを始めた。顔を残して全身を雪に埋めた。見ていると、胸にこんもり雪のこぶを二つ作った。「お乳だね。先生は男だよ」「違うの。埴輪はこうなってるでしょ」。なるほど。

アケミの座像に雪をかけて、胸にこぶをつけようとしたら笑って払いのけた。「アケミが女の子の体になることは、ちっとも変なことじゃないよ」。アケミはニコニコしている。こうして自分を肯定できるように促したい。以前聞いた話だが、娘の初潮の日の夕餉《ゆうげ》に、兄弟には何も言わず、母親が小さなご馳走でひそかに祝ったそうだ。

夕暮れが近づく頃、ようやく佑子の車が待ち合わせ場所に到着した。別れ際、アケミとヒソヒソ話をした。「アケミ、約束二つだよ。一つ、間食注意！」。アケミは言った。「ガンバロウ！」。「二つ、反抗！」「ウン」。アケミはすっきり笑んで小さく別れの手を振った。

「違う自分」になりたい、とは物騒な思いである。アケミは今、自分以外のものに引きずられて、それに合わせられてしまう自分を感じている。自分の中に入り込んだ、自分ではないものを振り払おうとした後の心に隙間を感じている。その隙間は、自分でしか埋めようがない。さもなければ、いつまで経っても心に隙間のある自分、違う人間になりたい自分、肯定できない自分のままでいることになるだろう。子どもはまだ、自分が自分であるものになっていない。隙間を埋めてやっと、自分になるのだ。

子どもは抵抗し反抗し、あちこちへ頭をぶつけながら、じわじわと隙間を埋めていく。立ちはだかる壁を暗闇の中で手探りしながら、隙間を埋めなければならない。壁は高く強すぎてもよくない、それでは越えられない。低く無いに等しいものでもよくない、それでは隙間はさらに開く。衝突する子どもを押し潰さず、力を込めて進めば越えられる高さの壁でなければならない。

そして大事なことは、隙間を子どもがどのように埋めるかを決めるのは壁の性質である。壁はもっぱら親によって作られる。人格はそうやってできあがる。自分でないものを自分であるものに創りかえて隙間を埋めないと越えられない壁もあれば、自分でないものそのままを隙間に押し込まないと押し潰してくる壁もある。どういう性質の壁が、どういう類《たぐい》の人格を創るのだろう。自律するかしないかが決まる時期である。

反抗するアケミは今、佑子の壁を登っている。子どもの全体重が壁にかかってくる。壁を支える者にも力が要るのだ。

夏になった。中学二年生になったアケミの反抗は日増しに佑子が困惑するほどに強まっているという。それなら八つ当たりも他人任せも通じない山に連れ出そう。山中一泊とは告げずに、登山中に泊まり山行であることを伝えよう。前もってわかっていることしかできないアケミである。泣いても喚いてもどうにもならない。手筈通り、佑子はヤチグサ川を見下ろす峠でアケミを降ろすとさっさと帰っていった。

いきなり峠から真下の谷を目指して三百メートルの崖を下る。想像していたよりも荒れたヤブ沢で一時間半もかかった。谷底に下り立って一休みしてから遡行を開始した。

「先生、何時ですか?」。始まったぞ。「もうじき十一時半だよ」「頂上までいける?」「今日のうちには行けないよ。今日は山中で泊まるから明日には行ける」。アケミがぐっと詰まったのがわかる。一呼吸して顔が歪んだように見えた。

「泊まりはイヤだ」。聞こえない振りして足を進めた。「明日にならないと迎えに来てもらえないよ」。アケミは遅れてついてくる。「先生、私は泊まりたくない」。そうだろう、驚いただろうね。でも、ここで肚を決めないわけにはいかない。「そうか。でも肚を括ろう」。谷は平坦であるが、思ったより滝があって時間を食った。今日は源流域までと考えていたが、とても無理である。アケミはもう何も不満を言わない。いつもの山のアケミになった。

四時になったので泊まり場を探すことにした。格好の平坦場を谷岸に見つけた。

「アケミ、ここにしよう」。ツェルトを張り、流木を集めて焚き火を作った。さて、夕飯は魚である。佑子が鯵の開きを用意してくれた。アケミは何も言わずに箸でつついた。「先生、ここは食べられません」と最後に言った。見ると骨の間に肉が残っている。「そうか？ここもおいしいのに」。しゃぶってみせた。やがて暗くなった。

漆黒の夜が明けて好天の朝が来た。谷にはいまだ陽が射さない。歩き始めてしばらくすると、「先生、頭がフワフワする」。おいおい、頼むよ。アケミを背負って右手の急斜面を上がったとしても、峠に着くのは夜になってしまうだろう。

「頭を低くして少し休もう」。岩の上で休ませた。小憩の後も、まだフワフワすると言う。急かせるわけにもいかない。地図を慎重に読んだ。源流近くまで行くと、山腹を一時間も登れば尾根上に出られそうだ。そこには切り開きの踏み跡が期待できる。そうすれば、踏み跡をたどって峠へ戻れるだろう。

「ほらアケミ、地図を見てごらん。ここまで谷を行って、ここから尾根に上がろう。大丈夫か？」。正面から朝日も射し込んできた。体も温まってきたのか、アケミも元気を取り戻したようだ。頂上にはこだわらないことにした。もう四時間も歩いている。尾根へ上がる地点に来た。間違いはないと思われたが、ピンチの時こそ落ち着いて丁寧に事を運ばなくてはならない。

「アケミ、ここだと思うが間違えないように確かめよう。あの先まで行って地形と地図を照らし合わせるのだよ。行こう」「はい」。アケミは素直についてきた。ぴったりだった。ずり落ちそうな斜面を木の根や枝を摑んで慎重に登った。ものの五十分ほどで尾根上に出た。期待通りに踏み跡があった。これで一安心。さて、ここからは峠まで簡単、と思ったのは見込み違い。途中から踏み跡は消えてしまい、ヤブ漕ぎをさせられた。それでもとうとう林道に出合えた。

　木立の間から遠くに峠が見えた。佑子らしい人影が動いている。アケミが長々と笛を吹いた。「ただいま」「おかえり」。二人は何事もなかったかのように挨拶を交わした。

第二十話

アオノミズ再び

◆二〇〇一年　朱夏◆　ぼくらのみなもと　幽玄のみどりの淵

なつかしさ募るこの四年――花崎佑子

アオノミズの季節がやってきました。

「お兄ちゃんも連れていきたい。あの滝を見てないなんて、もったいないないよ」。夏が近づいた頃、アケミとサトシが言いました。ハジメが山を離れてから一年余りが過ぎています。ハジメは「僕は約束が守れていない。行けない」と繰り返すばかり。一学期の期末試験でも約束の点数を取ることができなかったのです。アケミとサトシが自慢するアオノミズを見たいと思いながら、約束が果たせないイライラに苛《さいな》まれているようです。

「ハジメ、約束を必ず守るから信用して連れていってほしいと頼むこともできるよ」。そう話すと、嬉しそうな顔をしながらもためらっています。「お兄ちゃん、行こう」。二人から声をかけられ、ハジメもやっと先生に頼みを入れました。頼みは聞き入れられて、久しぶりに三人が揃った山行きが決まりました。

前日からわが家は大騒ぎです。「天気はどうだろう？　お天気が良くなくちゃ、あの水の色は見られないのかな？」「本当にすごいんだよ。言葉で説明できないね」。ハジメに実物を見せたくてしかたがない二人です。

当日の朝、急ぐアケミとサトシに少し遅れ、ハジメが車に乗り込みました。先生と会うのも久しぶりのハジメだけが静かです。いつのまにか、後ろの座席は三人で座るには少し窮屈になっていました。

朝から強い日差しが照りつける中、登り口に着くと早々に出発しました。アケミとサトシは、道を尋ねることもなく先頭を交代しながらずんずん進み、先生と私は後を追うようについていきました。この道は、三年前にはアケミが「谷はまだ？」と何度も言い、蜘蛛の巣があるたびに避けようとしていた道だった。サトシは周りを見ないで黙って下を向いて歩いていた。それらが昨日のことのように思い出されます。

ふと気づくと、子ども達の姿が見えません。息を切らしながら足を速めると、前回に休憩を取った場所で待っていてくれました。沢に下りると、アケミとサトシは勢いよく水に飛び込んでいきます。「先はまだまだだよ」と声をかけても、「ここで泳がなくちゃ。前と同じだよ」とはしゃいでいます。滝も大きな岩も、思い思いに越えていきました。

大きな岩に囲まれた、暗く深い淵に出ました。前回は帰りに泳いだ場所です。サトシがためらうことなく真っ先に飛び込むと、先生の張ったロープに頼らず泳ぎきりました。アケミとハジメも続いて泳ぎます。皆、休憩することを惜しむように前へ前へと進み、ついに最後の岩にぶつかりました。

「あそこを登るとアオノミズだ」。一斉に岩を上がっていく中、サトシが「こんなに近くだったかなぁ」と首を傾げています。前回、小さなサトシは置いていかれまいと一生懸命でしたが、今日は皆と並んで先頭を登っていたのです。「サトシは大きくなったんだね」。私は小声で言いました。

アオノミズは以前と変わらない美しさでした。滝つぼに着いたアケミは休むことなく自分の荷物を岩に置き、澄んだ水の中へ入っていきます。「全然変わらない」と嬉しそうにしながら、先生に用意してもらったロープを手に取ってサトシと一緒に向こう側へ渡しに行きました。初訪問のハジメは何をするかが定まらないのか、滝つぼの二人の後を追っています。「お兄ちゃん、この中にはヌシと呼ばれる大きな魚がいて、鹿を引きずり込んで食べるらしいよ」。サトシが説明すると、「ウソだろう」と言いながらも、横目で滝つぼを見ました。アケミが日光浴をしている岩に近づくと、「ここは私の場所だから他所へ行って」と言われています。この岩は前回もアケミが座り、「また来られるかなぁ?」と名残惜しそうにしていた場所でした。ちゃんと覚えていたのです。アケミにとってアオノミズが大切なところになっているとわかり、私は嬉しくなりました。

お昼になっても誰一人「お腹が空いた」とは言ってきません。「ご飯にするよ」と声をかけ、子ども達を集めました。今日のお昼は、わが家で評判の悪い魚の缶詰を焼いたものです。三人は我先にと箸を出し、あっという間になくなりました。「どうして家の時はまずいんだろう」「家じゃなくて山だからよ」「違う。何かが違う」などと言いながら、また水の中へ遊びに出かけていきました。

日が陰り、少し肌寒くなってきました。そろそろ帰る時間です。アオノミズに心満たされた子ども達は、静かに荷物をまとめて、水の中を滑り泳いで下りました。山道に入る別れの谷川に着くと、三人は日が傾くまで一緒に岩に登り、飛び込み、泳ぎ、そして帰路につきました。

わが家で同じ魚の缶詰が食卓に並ぶと、いまだにアオノミズの話になります。サトシは「あんなに近いと思わなかった」、アケミは「あそこは遊ぶための場所で山登りとは違うの」、ハジメは「たしかにそうだ」と言いながら少し難しい顔をしています。三人にとって同じ思いのアオノミズになり、そして、それぞれのアオノミズになったようです。

三人揃って行くことは、もうないかもしれません。そのうち大人になり、それぞれがこの頃のことを懐かしく思い出す時がくるでしょう。また、親となって自分の子どもを連れていくことがあれば、私のこの気持ちと同じ気持ちになるでしょう。

最後に、先生が「君の子どもら三人は本当に仲が良いね」と言いました。以前に比べて、わが家の食卓は友達や教師、勉強、ニュースの話題でとてもにぎやかになりました。「同級生と話していても何か違うんだ」などと言って、子どもなりの意見が飛び交って、和気あいあいとした会話が弾みます。

一人ひとりが違う山を登りながらも、苦しさや楽しさといった同じ思い、同じ経験をしたことが、三人を強く結びつけていることが感じられます。

嬉しい引退――西木大十

ハジメだけがアオノミズに来ていなかった。下の二人が、ハジメに自慢のものを見せたいと思うのも自然な気持ちである。

敗戦直後、父が板チョコレートをもらってきた。二センチ角のわずか二切れを一人で食べるのが惜しくて、友達を呼んで二人で分け合って一切れずつ食べたことがあった。喜びは分かち合うと倍加するのである。おおらかな喜ばしい感情がこの子達にも芽生えたことは、嬉しいことである。

山へ三人一緒に連れていきもしたし、別々に連れていくこともあった。年齢や成長度合いが違うから、同じ山でも経験することは違っている。その上、それぞれが抱えている問題も違うので、子ども達の様子をつぶさに見ながら、別々に山行の目標を定めてきた。

どの山行も、日常の中では見つけることができなかった人格の底をゆさぶる経験をさせたい、と願って連れ出した。その経験によって、子らが大なり小なり変貌しつつあることが見て取れる。小さいものから順番に変貌は大きい。

サトシのカネミネ峠の雪の山行では、それが顕著であった。アケミは、シラハラ山で初めて身勝手な感情を自制した。ハジメにおいては表立った変化は乏しい。だが、川面に波は見えなくても底の流れは強い。一つひとつの順を追った積み重ねが、やがて大きな変革を呼ぶ。

山の先生は引退の潮時のようである。この先は、山に替わる日常の中で心新しい経験を重ねることができることを願って引退するとしよう。

エピローグ

◆二〇〇三年　アオノミズの行方◆

一人ひとりの谷水が流れる

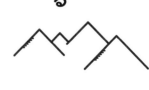

自分の力で歩き出す子ども達――花崎佑子

長男ハジメ

中学二年の夏、ハジメは一人、自転車に乗って岬半島を一周しました。

山の先生からテストに関する約束を聞いた私は、ハジメが先生と一緒に山へ出かけることは二度とないのではないかと思いました。そこで夏休みに、山の代わりになることをさせようとして思いついたのが自転車旅行です。

ハジメは小学六年の秋頃から、学区内の探検と言っては自転車に乗って遠出するようになっていました。「ハジメ、夏休みに自転車に乗ってどこかへ出かけてみたら？」。ある日、そう声をかけると、ハジメの目が輝きました。

「お母さん！　僕は日本最南端に行きたい」。テントを張って野宿をすると豪語しています。これまで何回テントを張ったことがあるのでしょうか。「帰りは○○市にでも寄ってみるか！　食料はスーパーで調達しよう」。思いつきで何でも簡単に考えるハジメに不安が募りました。地図を広げたハジメは、そこで日本最南端がとてつもなく遠いとわかり、「とても夏休み中に帰ってこられない」と気を落としています。

何気なく「岬半島めぐりはどうかしら？」と言ってみたところ、「そうかぁ！」と俄然乗り気になりました。そして、申し訳なさそうに「もう一度、図書館へ連れていってほしい」と頼んできました。

後日、ハジメは図書館で借りてきた自転車旅行の体験記を熱心に読んでいましたが、「パンクの直し方を覚えておかないと」「自転車が壊れたら電車で帰ってくるしかないのか」などと感心しているだけで、出発の日さえ決まりません。私は静観を決め込みました。

夏休みの三分の一が終わろうとする頃、いつまでも動き出さないハジメに、宿泊施設を使うことを条件として自転車旅行の話を切り出しました。そのためには早急に日程を決めなければなりません。地図をもう一度よく調べて、やっと四泊五日の計画が立ちました。

訪れる土地の情報を少しでも集めてみてはと促し、再び本屋へ出かけましたが、歴史も自然もハジメはとんと興味を示しません。「せっかく行くのにどこか見てこようとは思わないの？」「エエッ？　僕は自転車で半島を一周することしか考えてないよ」。勉強していないのですから、興味がわかないのも無理はありません。

「一人で出かけることについて何も心配はないの？」と真顔で話すと、少し驚いたような顔をして「はぁ？　道があるんだよ。何を心配するの？」と反対に聞かれる始末です。言われてみれば、今まで登った道なき道の山よりも簡単なことでした。

「ハジメ、死ぬかもしれないと思ったことはあるの？」「……あれはどの山だったかなぁ。場面はしっかりと目に浮かぶんだけれど。滝を下りる時に死ぬかもしれないと思った」。

出発前夜、簡単に荷物チェックを済ませたハジメは、早々に床につこうとしました。「山とは違って、どんな人間に出会うかもわからない。もしもの時のために、お財布とは別の場所にお金を隠し持っていきなさい」。そう言って、小さく折り畳んだ一万円札を渡しました。ハジメにとって人間が危険とは考えにくいようでしたが、熊よりも人間に襲われるニュースのほうが多いと話すと、妙に納得していました。

早朝、重い荷物にハンドルを取られながら出発するハジメを見送りました。旅は順調に進んでいるようで、私が仕事から帰ると、留守番をしていたアケミやサトシから、ハジメの「無事着いた」というだけの伝言を聞きました。

五日目の帰還の日、私が仕事から帰宅すると、ハジメはもう自分の部屋で寝転がっていました。「おかえり、早かったね」「うん、なんかペースが上がってね。予定より二時間も早く着いてしまった。お昼もアンパンをかじりながら自転車を漕いできた」。

しばらくの間、寝つくわけでもなくゴロゴロしていたかと思うと、急に立ち上がり、「写真をたくさん撮ってきた。早く現像に出したい」から始まり、そこからマシンガンのようにハジメが話し出しました。

「〇〇という道路標識が見えた時は『うちに帰ってきたぁ！』と思ったよ。そしたら急にペースが速くなってね。早く、早くと自転車を漕いでいたんだ。でも、家の近くになって、見慣れた風景なのになぜか違うように見えて仕方がなかった。あれは何でだろう……」。

二日目、カーブミラーにぶつかって指を怪我してから、道があって安心しきっていたことに気づいたこと。道を間違えたと思ったけれど、方向は正しいと考えて進んだら、思っていた通りの道に出たこと。地図に載っていない道もあると気づいたこと。宿の食事、見たテレビ、途中で出会ったタクシー運転手の道案内のまずさ……。途切れることがありません。

「ちょっと待って。少し休んだら？」「この五日間、まともに人と話していないんだよ。もう話したくて仕方がない」。

そのまま数時間も話し続けたハジメに、「それで、岬半島めぐりはどうだったの？」と尋ねると、「お母さん、この気持ちが達成感というものだと思う」と、満足そうに答えてくれました。ハジメの口から「達成感を得た」という言葉を聞いて、自転車旅行の成果があったと嬉しくなりました。

夏休みの宿題もろくにできないまま、二学期の始業式を迎えようとしていたハジメに、岬半島自転車旅行を写真入りの記録にまとめさせました。学級担任には、これを夏休みの課題成果として受け取っていただくようにお願いしました。すると、驚いたことに教室、職員室、さらに中学の校内新聞にも取り上げられて、町内の人まで「ハジメ君、一人でよくやったね」と声をかけてくれたのです。

中学校を無事に卒業し、ハジメは私立進学校に入学しました。試験の成績はともかくも、生活の内申点が極端に悪く、第一志望とした学費の安い公立校は当然のように落ちました。高校入学後も自習をまったくしないので、成績は真ん中あたりから抜け出せません。ハジメは「もっと勉強する」と言うだけで具体的な動きはありません。「自分のペースでやりたいから」と言うハジメを信用してよいものかと思いながら、私は何も言えませんでした。

ところが、一年の終わりの校内模試で、なんと成績を五十番以内にまで上げたのです。さらに、大学の名前すら知らなかったハジメが地元の国立大を進学志望と書いていました。

二年生になったハジメは勉強よりも熱を入れて、中学の頃から興味のあった電算情報処理部の副部長を務めています。新入部員を勧誘しようと、春には先輩達と作戦を練ると張り切っていました。運動が苦手だったことが嘘のように球技大会のチームでキャプテンにも選ばれ、「どうせやるなら勝たなくては」と、朝練に出かけていくこともありました。最近では予定をカレンダーに書き込んでは、「今日は遊んでいられない」と言っています。

以前は自分の世界だけで満足していたハジメも、ようやく外の世界に目を向けるようになりました。

長女アケミ

退部後のアケミは、何をするわけでもない毎日を過ごしていました。ところが中学二年の春、「お母さん、作文のコンクールに出してみようと思う」と、アケミが言ってきました。市の教育委員会主催で、家族をテーマにした作文を募集しているのです。希望者の数人とともに、アケミも原稿用紙を取りに教壇へ進み出たそうです。

日曜日のお昼頃から取りかかり、夕方には題を「家族の幹」とした作文を私に見せにきました。とはいえ、何が言いたいのかさっぱりわからない幼稚さで、どこかから借りてきたような文が並んだ短い作文でした。

「これではアケミの言いたいことが伝わってこない。家族の幹ってどういうこと?」「なんて言ったらいいのかなぁ。幹という言葉がふっと浮かんできたの」。少し考えた後、やっと答えました。

「どんなことを思って書き始めたの?」「私はテレビばかり観ているでしょ。それはいけないと思うの」とポツリ。「お母さんは帰ってきて、すぐに夕食を支度し始めるでしょう。私は犬の散歩も言われてから行くでしょう」。最後に「お母さんは機嫌が悪くなって『いい加減にしなさい！』と言い出すでしょう。なんか家中が嫌な雰囲気になってくるのがたまらないの」。

しばらく黙って聞いていましたが、「そうね。早く、早くと思って食事の支度をしているのに、テレビが優先と言われたらお母さんは悔しいやら腹が立つやらで、ぐしゃぐしゃの気分になるわね」と答えると、すぐにアケミは力を込めて「わかるの。自分でもわかるの。なんとかしなきゃと思って書き始めたの」と言いました。

「ふっと浮かんできたかもしれないけれど、それを文にすればいいと思うのだけど」「そうだけど、言葉が出てこない。簡単には出てこない」。アケミは言葉を探しています。

「順番に考えていこうよ。なぜ、テレビを観るのがいけないと思うの？」。そう言うとアケミは、食事の準備が整う時間がバラバラで、観たいテレビに重なる時がある。急いで作ったこともわかっているし、家族が揃うのが唯一夕食の時間であるとも知っている。それでも見たいテレビは譲れない気持ちでいっぱいになる……。言葉がつながってきました。その後、アケミは部屋にこもり、夜遅くまでかかり作文を仕上げたようです。

翌日、「お母さん、読んでみて」と見せてくれました。四百字詰めの原稿用紙三枚。前回に比べると気持ちは伝わってきますが、自分の気持ちを並べただけで情景の描写が少なく、わが家の光景が浮かんできません。

「読んでいる人には、どんな家族か、アケミはどんな様子なのか見えてこないなぁ。もっと具体的に書いてみたら」「コイケ先生と同じことを言うのね」「お母さんが夕食を作る時の自分はどんなふう？　食事よ、と言われたときの態度は？」。アケミはそんなことまで書きたくないといった顔です。「それを書くと、読んでいる人はアケミの気持ちになったり、お母さんの気持ちになったりできるようになると思う」と付け加えました。アケミは前日に続き、宿題を済ませてから遅くまで起きていました。問題になっているテレビどころではないようでした。

次に見せてもらった作文には、「どっちが大事なの！　いい加減にしてよ！」と怒る姿など、家族以外には知ることのない私の様子が書かれています。普段、学校では見せていないだろうアケミのふてくされた態度もうまく描かれていました。たしかに光景は目に浮かびますが、他人様に読まれるのは恥ずかしいわが家の光景です。

ただ、アケミがいちばん嫌っている家の中の実際の光景を書いたのですから、私も何も言うことがありません。自分がテレビから離れないことで母親の私の機嫌が悪くなり、事情がわからないままにアケミをかばう祖母にまでとばっちり、兄弟はただ黙って見ている。そして最後に、家族全員が不快な面持ちで夕食を囲む、という内容から、最後に自分が変わらなくては何も変わらないと、三行ほどのまとめに入っています。

どんな家族になりたいのか、自分がどんなふうに変わればアケミの思う家族に近づけるのかを尋ねると、もう一度書き直しに入りました。そして、期限が迫っていたこともあり、私に仕上げを見せることなく学校に提出しました。

一週間にも満たない間に、アケミとは作文を通してたくさんの話ができました。私はわが家に対する不満、アケミの思う家族などを知り、アケミも自分自身を振り返ったようです。最初のうちは書き直しと言われると泣きそうな顔をしましたが、寝るのを惜しんで最後まで投げ出さずにやり通したことを、私だけでなくアケミ自身も満足しているようでした。

ある日、帰宅した私の姿を見つけるが早いか、「お母さん、佳作に入ったよ！　私の中学では私一人だけなの！」と大きな声で報告してくれました。

後日、近所に出かけた私に自治会の役員という方が声をかけてきました。「今度、自治会で開かれる催しで、中学生代表としてアケミさんに作文を読んでもらいたい。中学校を通じて依頼が届くはずだから、引き受けてほしい」と言うのです。

それから何日経っても、アケミからは何も言い出しません。しびれを切らして私が自治会の話を持ち出すと「ああ、まだ先のことだからと思って言わなかったわ。校長室に呼ばれて直々に自治会の皆の前で発表してほしいと言われたのよ。校長先生は『これは誇らしいことです』なんて言ってたよ」と、親の心配をよそに簡単に引き受けたようです。

当日、数百人は集まった会場で、発表の順を待つアケミは緊張した面持ちでした。演台に立つと下を向き、小さな咳払いを一つした後、遠く正面を見ながら作文を読み始めました。途中詰まることがあっても、慌てることなく読み直して先に進みます。発表を終えると大きく息を吐いて一礼し、ゆっくりと自分の席に戻っていきました。

小学校のドングリ教室時代にお世話になった先生が私に駆け寄り、「お母さん、本当に立派になったね。本当に良かったですね」と握手を求めてきました。その時代を知っている方が今日の大きな成長をわかって喜んでくださることに、私も胸が熱くなりました。

アケミはふと思い出したように、習った『枕草子』になぞらえて「春はシラハラ山、夏はアオノミズ……」と大きな声で朗唱します。「楽しかったねぇ」。私はそっと呟きました。

アケミは、学業に十分取りかかれないまま受験の時期を迎えました。担任から合格はとても無理と何度も言われた公立高校を、アケミは「これ以下の高校へは行く気になれない」と言って受験しました。試験日当日、できなかったと肩を落として帰ってきたアケミを見て、不合格は当然と私も思いました。

合格発表の日、少し遅めに二人で出かけました。壁に貼られた受験番号を探していると、私の目にアケミの番号が見えました。アケミは小さな声で「受験番号の覚え違いかもしれない。車に置いてある受験票を持ってくる」と言って駆け出しました。私もアケミの後を追いました。二人で何度見直してもアケミの番号があります。私の頭の中は真っ白になりました。

アケミは高校一年生になりました。学業は最後尾からの出発ですが、アケミが伸び伸びとした高校生活を送り始めたことが手に取るように伝わってきます。

化学の実験で薬品の量を勝手に増やそうとした男子生徒に、「実験が台無しになる！」と言って試験管を取り上げたら、「態度が大きい」と言い返されたとニコニコ笑っています。演劇部に入部し、端役ながら役をもらい、家の中で大声を張り上げ、セリフの練習をしています。

不登校のアケミを知っている子はほとんどいない世界で、存分に自分を出せる毎日になったようでした。

次男サトシ

小学四年生の夏に、サトシは山の先生と一泊山行の険しい沢登りに行きました。その前年の秋には、同級生の一人から少林寺拳法への誘いがありました。「サトシ、少林寺拳法で毎週運動をしてみたら？」と持ちかけると、「見るだけだよ」と渋々ながら練習見学を承諾してくれました。

冬が迫る頃、底冷えのする夜の体育館を訪れ、道院長に見学を願い出ると、「じっとしていては寒い！　さあ、雑巾がけから始めるぞ！」と、返事も聞かずに見学の子ども達に雑巾が手渡されました。サトシは私をにらんだかと思うと、一緒に見学に訪れた友達のサトウ君に引きずられていきました。

雑巾がけが終わると、体育館の中を走り、すり足や前転と休む間もなく体を動かし続けます。しばらくすると、側転の練習です。側転を得意とするサトシは何度も側転し、最後に座禅を組む合掌の挨拶で見学は終わりました。

私達の元へ戻ってくるなり、サトウ君が「ママ、僕やりたい。絶対やりたい！」と大声で言いました。サトシはそんなサトウ君を恨めしげに見るばかりで何も言いません。興奮気味のサトウ君は「やろうよ。ねっ、やろうよ」とまくし立てています。サトシはその声に背中を押されたのか、小さく「ウン」と答えました。このチャンスを逃すわけにはいきません。サトシが上の二人から離れて、初めて一人で挑戦する機会です。

入門後のサトシは、信じられないほど少林寺拳法にのめり込んでいきました。練習前の夕食が間に合わなくても、文句を言うことなく出かけていきました。胴着の洗濯が遅れてはいけないと、自分で洗濯機を動かして干し、稽古の終わった後に間食することもありません。

夢中になっているサトシに県大会出場の話が持ち上がりました。でも、なぜか元気がありません。大会を前にしてどんな気持ちなのかと尋ねても、黙っているばかり。やっと「練習は楽しい。僕は大会には出なくても少林寺拳法だけやっていればいいんだ」と言いました。初めての「大会」というものに対して、漠然とした不安があるようでした。

大会当日、朝から言葉も少なく緊張しています。演武に臨むサトシの緊張は二階席で見ている私にも伝わるほどです。演武を終えた後、どたりと自分の席に座り込みました。「どうだった？」「何も見えなかったし、何も考えていないうちに終わっていた」。演武は数分で終わりましたが、サトシの疲れは相当なものだったようです。

夏の全国大会は親から離れての二泊三日の旅ですが、楽しみにしている子が多い中、サトシだけが乗り気ではありません。二人一組の演武だからサトシの欠場は許されないと、ハッパをかけて送り出しました。

三日目の夕方、さて、どうなったことかと迎えに行きました。バスから降りてきたサトシは私に近づいてきません。「どうだった？」「楽しかった」。するとサトシの横から、「おばさん、サトシ君はメダルをもらったんだよ」と教えてくれた子がいました。「えっ？ メダルを取ったの？」。サトシは背負っていたリュックから小さなメダルを取り出し、「優秀賞だよ」と見せてくれました。

メダルをもらったサトシは、少しずつ自信がついてきたようです。アケミがからかっても相手にしません。少林寺拳法で行われる昇級試験でも怖じている様子はなく、秋の市大会に向けても「今度は最優秀賞を取ってやる」と勢いづいています。

市大会の前には「拳を当てる時は本気でやる。声が小さくならないように気をつける」と、演武の相手としっかり打ち合わせて、大丈夫だと自分に言い聞かせています。もう、緊張で壊れそうだった半年前のサトシではありません。

市大会のサトシは、家では出したこともないような大きな声で演武を進めました。成績発表の時、三位入賞者から発表があり、順に名前が呼ばれ、最後に最優秀賞者としてサトシの名前が読み上げられました。嬉しそうに返事をして皆の前に飛び出し、まるで自分一人が賞を取ったようにメダルを受け取りました。嬉しくて仕方がないと言わんばかりの笑顔で私にメダルを見せてくれたサトシは、少し照れながら記念の写真に収まりました。

少林寺拳法を始めてから一年が過ぎ、五年生になったサトシは二度目の県大会を迎えました。筋肉トレーニングだと言っては腕立て伏せや腹筋を欠かさず、休みの日には「少し走ってくる」と出かけていきます。

大会の朝、「シゲルは本気で撃ってくる。僕も本気で撃つ。そんなのを皆はできない」「痛いに決まっているけど、お互い何も言わないし、言っている暇はないよ」。サトシの口ぶりには、自分達は他の子達とは違うという自信があふれていました。

県大会当日、級が上がって競い合う五十一組の拳士達のどの演武と見比べても、サトシ達は見劣りしませんでした。次第に私は、自信満々に出かけていったサトシが最優秀賞に選ばれなかったら、なんと声をかけたらよいものかと考え始めました。たしかにサトシは堂々と演武を行い、終わった後も落ち着いて着座しています。まるで選ばれないわけがないとでも言うように。そんなサトシの態度を見れば見るほど、私の不安は募りました。

午後の演武も終わり、いよいよ結果発表の時が来ました。せめて入賞でもすれば救われると胸の鼓動が高鳴り、私は体が強張りました。ところが、入賞者の中に名前が挙がらず、残すは最優秀賞しかありません。私は入賞もできなかったとすっかり諦め、サトシの落胆ぶりを見ておかなければ私の気持ちも整理できないと、息を潜めてサトシを見つめました。

次の瞬間、サトシとシゲル君の名前が耳に飛び込んできました。喜びとも安堵ともつかない気持ちでいっぱいになった私は、全身から力が抜けていきました。サトシ達は何百人もの拳士の前で模範演武を披露しました。

「おめでとう」「うん」。短い会話を交わした後、車に乗り込みました。わが家に着くとサトシは部屋に入り、今まで手に入れたメダルと賞状を並べています。「お母さん、これで全部揃ったね」。サトシは満足そうな笑顔で、自分の力で手に入れた勲章を眺めていました。

それからのサトシは、体を動かすことには何においても真剣です。苦手と思っていた五十メートル走でも頭角を現し、リレーの選手に選ばれ、「僕は学校でいちばん速いんだよ」と自信を持っています。市で開かれた陸上記録会の百メートル走では一位になり、はしゃぐ家族とは対照的に「二位との差が少ないから自慢にはならない」と言うほどです。「隣の子が気にならなかった？」と尋ねれば、「前を見て思いっきり走っているのに、隣が見えるわけがないでしょう」と呆れたように答えました。

今では少林寺拳法の大会において、サトシは入賞者の常連です。中学一年生となって迎えた春の大会では、中学・高校を交えた同じ上級者クラスで競い合いました。「やっぱり高校生になると違うね。見ているほうが圧倒されそう」と、観覧席の母親達から声が上がります。

その中にいるサトシは、声変わりもし、体格も高校生に引けを取らないほど大きくなりました。演武に集中する目つきは鋭く、見ているこちらが緊張するぐらいです。いつもなら発表が終わるまで平静を装うのに苦労していた私も、この大会ではサトシが外側だけでなく内面も大きくなっていると実感し、落ち着いて発表を待つことができました。

「中学の勉強もしなくてはいけない。僕は取りかかったら真剣にやるから、部活動はどれにするか、少し落ち着いてから考える」と言いました。誰かが差し出す手を待っていたり、周りの様子を窺ってから動き出したりしていた、甘えん坊で引っ込み思案のサトシは、もうどこかへ消えてなくなりました。

＊　＊　＊　＊

この五年間、私はいつも、子ども達が一人山へ登っている間、家事をしながら想像していました。今頃、ハジメは真面目な顔をして地図をにらんでいるのだろうか。アケミは少し顔を歪めて魚に箸をつけているのかしら。サトシはきっと真っ直ぐ前だけを見て登っている。眼裏にまざまざと子ども達の姿が見えてきます。

家庭の事情で母親が仕事をし、家を空けなくてはならないことも多々あります。仕事をしながらの子育てに不安を感じていながらも、当初は何をしていいのかわかりませんでした。そして、他人からは「親の背中を見て子は育つ」と励まされ、とにかく一生懸命に仕事と家事をしていればよいと、私は大きな勘違いをしていたのです。

そんな私の目を開かせてくれたのは、もしかして大怪我をするかもしれないと覚悟して送り出した山登りでした。

今では、子ども達を山に送り出す覚悟に比べれば、仕事の苦労も他人の目も小さいことのように思えます。子ども達の成長が、日々の励みになりました。私が見守り、手を貸せば、それに応えるように子ども達はたくましくなっていく。それは何物にも代え難い喜びになりました。

忘れ物をしたハジメを廊下に立たせてほしいと担任に頼み、自分で注文できないアケミを見かねる店員を制し、少林寺拳法の昇級作文に取りかからないサトシに試験を受けさせせない、と平然とできるようになった今の自分に、静かに満足しています。

そして、この子ども達がいて、その母親であって良かったとしみじみと思うのです。

下山――西木大十

最初にオオカミ山へ行ってから五年が経った。思い返せば様々なことがあった。子らは三人とも、せめてあそこまではと当初思い描いた目標に、曲がりなりにも追いついてきた。目標は、小学生でありながらいまだ幼児である子どもを、自律へ向かう子どもに変容させることであった。

長子、次子、末子は境遇が異なっている。出発の時点でも、すでにそれまで刷り込まれた人格の色合いが違っていた。五年間の出来事の一つひとつは、三人それぞれが人間の成長過程の中でどの位置にいるのかを示していた。出来事は、子どもが置かれている現実の中で起こる。

子に最も影響を与えるものは、平穏や艱難《かんなん》の様々な事態での、つまりは日常の生活の中での親の言動である。親の言動に子が反応し、子の言動に親が反応するという、親と子が相互作用する中にあって、子の人格の骨格ができあがる。もし、親がいなければ、親に代わって最も近しい近隣親族、教員、学校、あるいは友人知人との相互作用が、子の人格の骨格を形成する大きな要素となるだろう。

相互作用する何者もいなければ、テレビ、書物などの子に対して無関心無反応、無機質な物体が子の人格の元を作ってしまう。その物体は子に働きかけることはない。子のほうからもその物体に働きかけることはない。子は相互作用のない一方通行の通信を受け取るだけである。人間は状況の子である。

人間にとって感情と精神は人格を形成する基本の要素である。底にある感情と精神の上に人間の諸活動は築かれる。感情は生まれ精神は養われる。それらは涵養される、すなわち、環境状況の中にあって、ひとりでに自然に無意識のうちに、人格に浸み込んでいくものである。知識や技術のように訓練で習得されるのではなく、ましてや、調教のような処罰を伴う強制ではない。

五年前の三人は、子どもの健やかな成長過程の中にはいなかった。母と子のかけがえのない時を十分に持てないまま大きくなっていたことは明らかだった。

やりたい放題の幼児期に母親が傍らにいれば、子どもは安心して存分に遊ぶことができる。他人では遠慮、ためらいやこだわりがあって、なかなかそうはいかない。子ども一人ひとりの存分の遊びは、手当りしだいに確かめ試し、考え工夫し、成功し失敗する毎日の経験である。大事なことは〝一人ひとりである〟ことで、それが自律へ向かう最初の一歩である。集団画一的な遊戯は、ともすると自律への道を阻害しかねない。

胸に抱いて乳を飲ませ、食べ物をつくって与え、心地よい衣服で包んでくれる母親が、子どもを涵養する最初の人である。人はそれぞれに人間と世界のありようについて、その人なりの思いや考えを持っている。母親の毎日の言動の一挙一動は、何であろうとその母親に具《そな》わっているものの表れであって、それが子どもを涵養し続けている。

豊かな深い愛情も、浅い身勝手な感情も、穏やかな言動も、何につけても騒がしい言動も、母親が望む、望まないにかかわらず、意識することもなく子の中にひとりでに浸み込んでいる。調教されるばかりの子どもは、世界のありようとして調教が浸み込む。

新しいことに対する好奇心が母親の境界を越えるくらいになると、そこへ登場するのが父親である。子どもには、母親とは違う人として、父親がはっきりと意識されてくる。子どもは家という垣根を越えた外の世界へ、頭も体も少しずつレベルを上げながら、新しい経験へと誘われる。そこにいるのは、心地よくさせてくれた母とは違う別の人である。そう意識されるから、外が内の延長ではない新しい別世界として捉えられる。そして、そこでの経験は新しい経験として子どもに受け取られる。家の垣根を越えても、外にいるのが内と同じ母親であれば、子どもにとっては外も内の延長に過ぎない。

父親の社会人としての自律性が子どもを涵養するものになるに違いない。職業の種類ではない。父親の自律規範である。父親にそれがなければ、「ない」ということが涵養されるだろう。父親の冷静沈着かつ知的な精神も、情緒不安定で浅はかな論理不全の精神も、世のありようとなって子を涵養している。

幼少児期に子どもと最も長く共にいるのは母親である。母親が涵養するものがいかに子どもの人格形成にとって大きなものであることか、それによっても明らかだろう。社会との接触が否応なく増す思春期を迎えると、父親がどれほどに子どもを涵養することになるかは想像に難くない。

昔から言われるとおり、〝生みの親より育ての親〟〝三つ子の魂百まで〟。「文化は血よりも濃く遺伝する」のである。

母親を満喫しなかった子どもはなかなか外へ踏み出せない。新しい経験へ踏み出せないままだと、精神は萎縮して、怖じて困難を忌避するか、自分勝手な感情に振り回されるようになりはしないかと案じられる。

自意識がはっきりすると、新しい経験へ誘われた彼らは、物事を全的に捉えて自ら考えるようになる。思い惑い混乱しても人真似では済ませない。自意識ある精神は、何としてでも自身の力でその壁を通り抜けようとする。こうして試行錯誤の成功と失敗の豊かな経験を積み重ねていくのである。

その経験を経ていないと、与えられた課題、例えば学習課題の成績は良くても、課題の外にある現実の諸問題・出来事に対する関心は狭く薄くなる。そして、課題が与えられていない、つまり自らが課題を発見していかねばならない事態における能力は育まれないまま貧弱になるかもしれない。

特に思春期は、既存の規範との衝突が花咲く時期である。現実の諸問題との折衝で、自分の中に疑問が多々生じてくる。真っ先に親、そして社会に対してである。生きてきた状況が違うのだから、その規範を生んだ親や社会の経験を子どもは当然ながら見知らない。既存の規範に衝突しないようでは、自分で考える頭も、他者と衝突する力も、相互に理解し合う心も養われてはこなかったと言える。

この季節を子どもはどのようであれ、どうしても越えねばならない。人真似を山積みしてこの季節をやり過ごすようだと、どこまでも人真似人生が続く。自ら踏み出すことができる精神は、衝突の諸問題を自らも経験する中にあって、肯定するものを学び、肯定できないものは己の規範を求めて挑み、子どもは思春期を終えて大人へと脱皮していく。こうして彼らは自律していくのである。

外部からの制約を脱して自分の立てた規範に従う「自律」は、自分のありように責任を負うことである。身勝手我儘とは縁遠い。自律は経済的な独り立ちの「自立」とは意味が異なる。自律なき自立もある。

幼児から思春期までの過程を真っ当にたどらなければ、自律の入り口に立つことは難しい。その時、人を支配するのは、ロボットのような出来合いの画一か、さもなくば、視野の狭い独りよがりの手前勝手であることを恐れる。

人間の根本である感情と精神を育て直すために山を登った。山を登ると言っても、標識や整備された道がある安直な坂道登りではない。手垢のつかない生の、本物の自然の中での行為にこそ、人格の中に刷り込まれてしまった未熟で歪んだものを、豊かで健やかなものに変革する力がある。後進している車を前進に変えるには、非常に大きなエネルギーが要るのだ。

望ましい感情と精神が生まれ養われるはずの状況を作り出すのに、それなりの手管を必要とした。登山は日常からはかけ離れた行為である。その中で兆《きざ》した良き芽を、日常の中でも育てて大きくしなければならない。「ワザとでないようにワザとする」ことの難しさを言う母親の述懐が、その困難さを語っている。

子らは、新しい書物のページを後戻りして読み返しながら読み進むように、行きつ戻りつしながら徐々に変貌した。だが、この五年間を最も激しく経験したのは、母親であっただろう。人間の自律への道程、その最中の出来事が持つ意味と価値、自分の言動が子どもの中に起こす変化、それらの全てが自覚され秩序立てられた。母親自身が何よりも母親であることが肯定されていった。

五年間の後半は登山が間遠になり、日常が「自律に向けた子育て」という試合の主戦場になった。そして、登山を通じて意図した企みは、自然に日常の中へ取り込まれていった。

山の中で生まれ養われた荒削りな感情と精神が、やがて成熟し、人生の万事に行きわたることを願うとしよう。そこでは、親はグラウンドに入らない。ただ、応援席で見守るだけである。

巻末資料

主な登山用語

ザイル（独）：登下降の安全のために使う身体確保用の長いロープ。

シュリンゲ（独）：腕の長さほどの輪にしたロープ。

カラビナ（独）：ザイルやシュリンゲを掛けるための、取り外しが容易な手のひらサイズの金属器具。

ピッケル（独）：氷雪登山で杖、確保、支点、制動などの多用な用途のあるツルハシ様の携行用具。

懸垂下降：ザイルを使って急崖を下降する基本技術。

ビレー（英）：登攀《とうはん》の安全をザイルで確保すること（セルフビレーとは自己安全確保）。

ゴルジュ（仏）：両側が高い岩壁になって狭まった谷。日本語では廊下。

草つき：草だけが生えている岩や木などの支点となるものがない斜面。

高巻き：直接登れない滝や急崖を横から回り込んで越えること。

トラバース（英）：斜面を横断すること。

ツェルト（独）：テントの軽量簡便な代用品。

フライシート（英）：テントを覆う防水布シート。
シュラーフ：シュラーフザック（独）の略。寝袋。
シュラーフカバー：シュラーフの被袋。
三角点：国土地理院が設置した国家基準点。緯度・経度など正確に測量する三角測量のため、四角の石材、あるいは金属のもので山頂などにある（一等から四等まで）。
踏み跡：人や動物が繰り返し通ってできた跡路。たいがい三十～四十センチ程度の幅で踏まれた草などが周囲より短い。
浮き石：ぐらつき動く石。剝落《はくらく》しやすい。摑まったり踏んだりすると危ない。
ラッセル（和）：深雪をかき分け進むこと。体力を消耗する。
出合い：二つの谷（沢）が合わさるところ。

《著者略歴》
花崎 佑子（はなさき・ゆうこ）
下山時、41歳。某県立女子高校卒。主婦、旅行会社勤務。

西木 大十（にしき・だいじゅう）
下山時、66歳。東京都生まれ。某国立大学医学部卒、医師（医学博士）。University of Cincinnati（米国オハイオ州）、Henry Ford Hospital（米国ミシガン州）勤務等を経て、某県立総合病院勤務。定年退職。

装丁　本澤博子

＊本書に登場する人物および地名はすべて仮名です。

あしひきの 山谷越える 子どもらの道
親と子が育む 互いの自律

2024年4月30日　第1版第1刷発行

著　者　花崎 佑子
　　　　西木 大十

発　行　株式会社ＰＨＰエディターズ・グループ
〒135-0061　東京都江東区豊洲5-6-52
☎03-6204-2931
https://www.peg.co.jp/

印　刷
製　本　シナノ印刷株式会社

 ISBN978-4-910739-51-9